Nancy Krienke

Die Steuerung des „Variety Seeking Behaviours" im Rahmen des Customer-Relationship-Managements

GRIN - Verlag für akademische Texte

Der GRIN Verlag mit Sitz in München hat sich seit der Gründung im Jahr 1998 auf die Veröffentlichung akademischer Texte spezialisiert.

Die Verlagswebseite www.grin.com ist für Studenten, Hochschullehrer und andere Akademiker die ideale Plattform, ihre Fachtexte, Studienarbeiten, Abschlussarbeiten oder Dissertationen einem breiten Publikum zu präsentieren.

Dokument Nr. V139331 aus dem GRIN Verlagsprogramm

Nancy Krienke

Die Steuerung des „Variety Seeking Behaviours" im Rahmen des Customer-Relationship-Managements

GRIN Verlag

Bibliografische Information Der Deutschen Bibliothek: Die Deutsche
Bibliothek verzeichnet diese Publikation in der Deutschen Nationalbibliografie;
detaillierte bibliografische Daten sind im Internet über http://dnb.ddb.de/
abrufbar.

1. Auflage 2009
Copyright © 2009 GRIN Verlag
http://www.grin.com/
Druck und Bindung: Books on Demand GmbH, Norderstedt Germany
ISBN 978-3-640-47238-3

FernUniversität in Hagen

Fakultät für Wirtschaftswissenschaft

Diplomarbeit
zur Erlangung
des Grades einer Diplom-Volkswirtin

über das Thema

Die Steuerung des „Variety Seeking Behaviours" im Rahmen des Customer-Relationship-Managements

Nancy Krienke

Inhaltsverzeichnis

Abbildungsverzeichnis II
Tabellenverzeichnis III
Abkürzungsverzeichnis IV

1 Einleitung **1**
   1.1   Problemstellung und Ziel der Arbeit 1
   1.2   Aufbau der Arbeit 2

2 Begriffliche Grundlagen für die Steuerung von Variety Seeking Behaviour **3**
   2.1   Der konzeptionelle Ansatz des Customer-Relationship-Managements 3
   2.2   Inhaltliche Bestimmung des Variety Seeking Behaviours 4
   2.2.1   Positivdefinition des Begriffs Variety Seeking Behaviour 5
   2.2.2   Negativdefinition des Begriffs Variety Seeking Behaviour 7
   2.3   Besonderheiten von Dienstleistungen 8

3 Konzeptualisierung des Variety Seeking Behaviours **10**
   3.1   Kategorisierung des Variety Seeking Behaviours 10
   3.2   Erklärungsansätze 11
   3.2.1   Lerntheorie 12
   3.2.2   Optimum Stimulation Level Theorie 15
   3.2.3   Zusammenfassende Darstellung 20
   3.3   Bestimmungsfaktoren 21
   3.3.1   Demographische Faktoren 21
   3.3.2   Persönlichkeitsmerkmale 23
   3.3.3   Dienstleistungseigenschaften 23
   3.3.4   Weitere Bestimmungsfaktoren 26
   3.4   Ergebnisse der Konzeptualisierung 27

4 Variety Seeking Behaviour im Kontext des Customer-Relationship-Managements **28**

5 Handlungsempfehlungen für den Dienstleistungsanbieter **32**
   5.1   Leistungspolitik 34
   5.1.1   Marktsegmentierung 34
   5.1.2   Individualisierung 36
   5.1.3   Sortimentsausweitung 37
   5.1.4   Markierung 38
   5.1.5   Kooperationen 38
   5.1.6   Innovationen 39
   5.1.7   Saisonale Anpassung des Angebotes 40
   5.1.8   Wechselbarrieren 40
   5.2   Kommunikationspolitik 41
   5.2.1   Klassische Werbung 42
   5.2.2   Messen und Ausstellungen 43
   5.2.3   Event-Marketing 43
   5.2.4   Verkaufsförderung 44
   5.3   Preispolitik 45
   5.4   Distributionspolitik 46
   5.5   Marketing-Mix 47

6 Zusammenfassung und Ausblick **50**

Literaturverzeichnis V

Abbildungsverzeichnis

Abbildung 1	Schematischer Aufbau der Arbeit	2
Abbildung 2	Schematische Darstellung des Betrachtungsgegenstandes	3
Abbildung 3	Kontinuum von Leistungsergebnissen	9
Abbildung 4	Abhängigkeit des VSB vom optimalen Stimulationsniveau	17
Abbildung 5	Abhängigkeit des VSB vom aktuellen Stimulationsniveau	17
Abbildung 6	Sättigungsmodell	19
Abbildung 7	Abhängigkeit des VSB von den auftretenden Reizen	20
Abbildung 8	Erklärungsansätze für die Typen des VSB	21
Abbildung 9	Wirkung der Bestimmungsfaktoren auf die Typen des VSB	28
Abbildung 10	Konzeptionalisierung des Konstruktes Kundenbindung	29
Abbildung 11	Moderierende Variablen zwischen Kundenzufriedenheit und Kundenbindung	30

Tabellenverzeichnis

Tabelle 1	Begriffsbestimmungen des VSB in der Literatur	6
Tabelle 2	Kategorisierung des VSB	11
Tabelle 3	Beispiele für Items zur Bestimmung des OSL	36
Tabelle 4	Zusammenstellung der Handlungsempfehlungen	49

Abkürzungsverzeichnis

CRM	Customer-Relationship-Management
OSL	Optimum Stimulation Level
S-I-R-Modell	Stimulus-Intervenierende Variable-Reaktion-Modell
S-R-Modell	Stimulus-Reaktion-Modell
VSB	Variety Seeking Behaviour

1 Einleitung

Diese Arbeit beschäftigt sich mit dem Phänomen des Variety Seeking Behaviours (VSB) bei Dienstleistungen und versucht auf Basis einer systematischen Ursachenanalyse Handlungsempfehlungen im Rahmen des Customer Relationship Managements (CRM) abzuleiten. Dazu werden in diesem Kapitel zunächst die bedeutenden Rahmenbedingungen dargestellt, bevor die Zielsetzung konkretisiert wird. Zum Abschluss der Einleitung wird der Aufbau der Arbeit vorgestellt, um die gewählte Vorgehensweise zu verdeutlichen.

1.1 Problemstellung und Ziel der Arbeit

In Zeiten stagnierender Märkte und dadurch bedingten zunehmenden Wettbewerb tritt insbesondere der Kunde in den Fokus der Marketingaktivitäten.[1] Ziel ist es, Wettbewerbsvorteile dadurch zu erlangen, dass man Kunden langfristig an sich bindet.[2] Hierzu versuchen Unternehmen die Zufriedenheit der Kunden zu steigern, indem sie auf deren Bedürfnisse eingehen.[3] Dabei wird unterstellt, dass zufriedene Kunden Wiederholungskäufe tätigen sowie Produkte und Dienstleistungen an Andere weiterempfehlen.[4] Beide Effekte können eine positive Wirkung auf den Unternehmenserfolg haben.[5]

In einigen Branchen ist jedoch zu beobachten, dass Kunden trotz Zufriedenheit die Marke oder den Anbieter wechseln.[6] Ein Grund, der für die Marken- und Anbieterwechsel angeführt wird, ist das Phänomen des VSB. Dieses soll im Rahmen dieser Arbeit analysiert werden. Die Zielsetzung besteht darin zu untersuchen, ob dieses Verhalten auch bei Dienstleistungen auftritt und wie es erklärt werden kann. Konnte die Relevanz für Dienstleistungsanbieter nachgewiesen werden, sollen praktische Handlungsempfehlungen zum Umgang mit dem VSB entwickelt werden.

---

[1] Vgl. Diller (1996), S. 81; Kahn (1998), S. 45; Herrmann / Seilheimer u.a. (1998), S. 336; Gerdes (2008), S. 447.
[2] Vgl. Herrmann / Seilheimer u.a. (1998), S. 336; Gierl / Helm u.a. (2002), S. 215.
[3] Vgl. Herrmann / Seilheimer u.a. (1998), S. 336.
[4] Vgl. Mittal / Lassar (1998), S. 178; Homburg / Giering u.a. (1999), S. 175.
[5] Vgl. Simon / Homburg (1998), S. 19; Woratschek (2004), S. 75.
[6] Vgl. Herrmann / Gutsche (1994), S. 63; Stauss / Neuhaus (1995), S. 3; Herrmann / Seilheimer u.a. (1998), S. 336; Gierl / Helm u.a. (2002), S. 219.

1.2 Aufbau der Arbeit

In Kapitel 2 werden zunächst die begrifflichen Grundlagen erarbeitet. Dazu werden die zentralen Begriffe CRM, VSB und Dienstleistung definiert. Im Anschluss daran werden in Kapitel 3 zwei Theorien vorgestellt, anhand derer das Verhalten der Kunden erklärt werden kann. Daneben werden die Bestimmungsfaktoren, die VSB fördern bzw. beeinflussen können, identifiziert. In Kapitel 4 wird der Zusammenhang von VSB und CRM untersucht, bevor in Kapitel 5 marketingpolitische Implikationen für einen Dienstleistungsanbieter abgeleitet werden. Abschließend werden die Ergebnisse zusammengefasst und ein Ausblick für weitere Forschungen gegeben. Die nachfolgende Grafik (Abbildung 1, Seite 2) gibt einen Überblick über den schematischen Aufbau der Arbeit und das Zusammenwirken der einzelnen Kapitel:

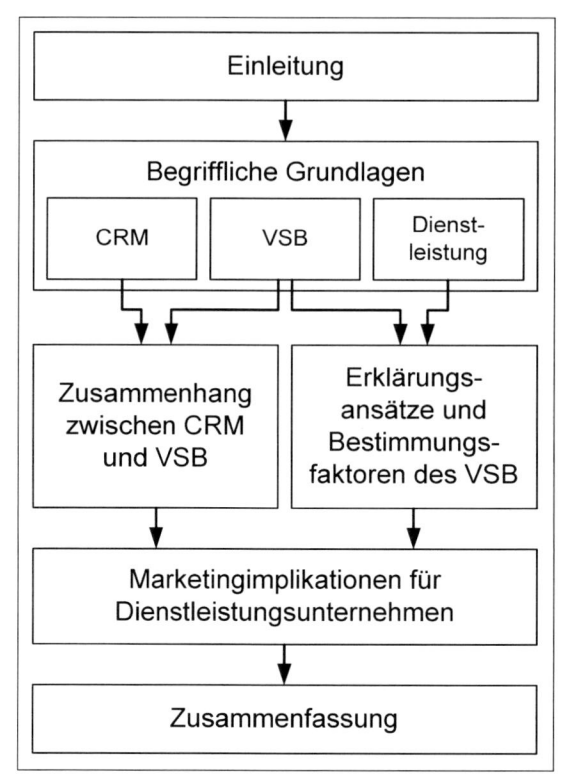

Abbildung 1   Schematischer Aufbau der Arbeit
Quelle: eigene Darstellung

2 Begriffliche Grundlagen für die Steuerung von Variety Seeking Behaviour

Das CRM betrifft als Teilgebiet der Unternehmensführung sowohl Sachgüter als auch Dienstleistungen. Die Aufgabe des CRM soll nun zunächst vorgestellt werden. VSB als ein Kundenverhalten, das im Rahmen des CRM betrachtet und gesteuert werden soll, wird im Anschluss daran definiert und von anderen Wechselgründen abgegrenzt. Im Rahmen dieser Arbeit soll dabei nur das VSB bei Dienstleistungen untersucht werden, daher wird nach der Definition die Relevanz bei Dienstleistungen analysiert.

Der Betrachtungsgegenstand der Arbeit ergibt sich demnach als Schnittmenge dieser drei grundlegenden Begriffe (Abbildung 2, Seite 3):

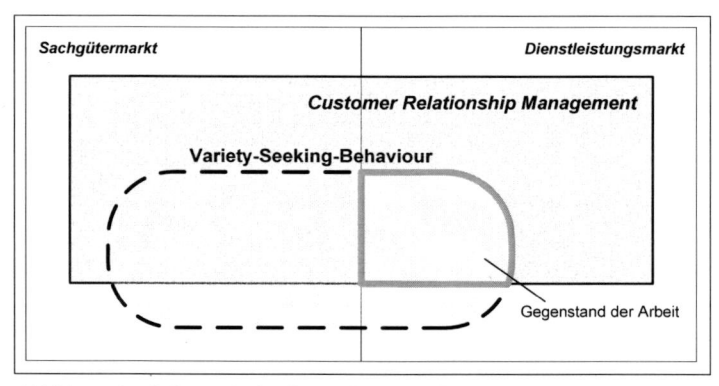

*Abbildung 2   Schematische Darstellung des Betrachtungsgegenstandes
Quelle: eigene Darstellung*

2.1 Der konzeptionelle Ansatz des Customer-Relationship-Managements

Durch den verstärkten Aufbau von Geschäftsbeziehungen gewinnt die Stammkundenpflege gegenüber der Neukundengewinnung an Bedeutung.[7] Der Grund hierfür ist vor allem darin zu sehen, dass die Gewinnung von Neukunden höhere Kosten verursacht als eine von Anfang an intensive Betreuung von Kunden, die dann zur Kundenzufriedenheit und schließlich zur Kundenbindung führt.[8] Die Aufgabe, diese Stammkundenpflege zu betreiben und somit Kunden langfristig zu binden, ist die Hauptaufgabe des

---

[7] Vgl. Homburg / Faßnacht (2001), S. 450.
[8] Vgl. Hippner / Rentzmann u.a. (2006), S. 197.

CRM. Es trägt damit entscheidend zum Unternehmenserfolg bei.[9] Da die gesamte Unternehmensstrategie am Kunden ausgerichtet wird, handelt es sich um einen ganzheitlichen Ansatz zur Unternehmensführung.[10] Das Ziel besteht darin, mit Hilfe von Informationstechnologien langfristige Kundenbeziehungen aufzubauen und zu festigen.[11] Hierdurch sollen sowohl für den Kunden als auch für das Unternehmen Mehrwerte geschaffen werden.[12]

Um die Unternehmensführung kundenorientiert ausgestalten zu können, werden Daten über das Kaufverhalten und bestehende Präferenzen erhoben und in Kundendatenbanken gespeichert.[13] Nach Erhebung der Daten sind diese einer intensiven Analyse zu unterziehen und entsprechende Folgemaßnahmen z.B. Segmentierung der Kunden, Bestimmung ihres Kundenwertes und Bewertung der Kundenstabilität einzuleiten.[14] Damit wird die Grundlage geschaffen, um gezielte Marketingstrategien, z.B. in Bezug auf VSB, umsetzen zu können.

2.2 Inhaltliche Bestimmung des Variety Seeking Behaviours

Das VSB beschreibt ein beobachtbares Konsumentenverhalten.[15] Es wird durch das Variety Seeking, das Bedürfnis nach Abwechslung, motiviert.[16] Dieser Wunsch nach Veränderung kann selbst nicht beobachtet werden. Es stellt vielmehr ein verhaltenswissenschaftliches Phänomen dar, das unterschiedliche Ursachen haben kann.

Dennoch ist es erforderlich, den Begriff im Rahmen einer wissenschaftlichen Arbeit zu definieren. Dabei kann grundsätzlich eine Beschreibung konstitutiver Merkmale (Positivdefinition) oder eine Abgrenzung von anderen Wechselgründen (Negativdefinition) erfolgen. Beide Möglichkeiten werden nachfolgend dargestellt.

---

[9] Vgl. Meffert / Bruhn (2009), S. 385.
[10] Vgl. ebenda; Hippner (2006), S. 17 f.; Hippner / Rentzmann u.a. (2006), S. 198; Gerdes (2008), S. 448.
[11] Vgl. Hippner (2006), S. 18; Hippner / Rentzmann u.a. (2006), S. 198; Meffert / Bruhn (2009), S. 397.
[12] Vgl. Gerdes (2008), S. 449.
[13] Vgl. ebenda.
[14] Vgl. Homburg / Sieben (2008), S. 504 ff.
[15] Vgl. Herrmann / Gutsche (1994), S. 63; Bänsch (1995), S. 345 f.; Herrmann / Seilheimer u.a. (1998), S. 336 und 338.
[16] Vgl. Herrmann / Gutsche (1994), S. 64; Bänsch (1995), S. 344.

2.2.1 Positivdefinition des Begriffs Variety Seeking Behaviour

Es ist festzustellen, dass sich in der Literatur noch keine einheitliche Definition des Begriffes herausgebildet hat.[17] Dies könnte an der hohen Komplexität des Phänomens liegen.[18] Zusätzlich kann bestätigt werden, dass unter dem Begriff auch verschiedene Sachverhalte subsumiert werden. Einige Autoren fassen unter VSB sowohl intrinsisch als auch extrinsisch motivierte Verhaltensweisen zusammen.[19] Unter den intrinsischen Motiven versteht man in diesem Zusammenhang, dass die Motivation in der Ausführung bestimmter Verhaltensweisen selbst zu finden ist, ohne dass externe Einflüsse darauf einwirken müssen.[20] VSB, welches auf dieser Art von Motivation beruht, wird auch als direktes VSB bezeichnet.[21] Im Gegensatz dazu liegt eine extrinsische Motivation vor, wenn Verhaltensweisen durch einen Reiz hervorgerufen werden, der selbst in keinem Zusammenhang zu dem Verhalten steht.[22] Diese Art von VSB wird auch als abgeleitetes VSB bezeichnet[23], welches teilweise nicht als „wahres" VSB anerkannt wird.[24]

Um diese Situation systematisch zu erfassen, wurden im Rahmen einer Analyse der relevanten wissenschaftlichen Literatur die unterschiedlichen Beschreibungen des VSB und die als ursächlich genannten Gründe ausgewertet. Das Ergebnis ist in der nachfolgenden Darstellung (Tabelle 1, Seite 6) enthalten.

---

[17] Vgl. Kahn / Kalwani u.a. (1986), S. 89; van Trijp / Steenkamp (1992), S. 182; Kemperman / Borgers u.a. (2000), S. 3.
[18] Vgl. dazu auch Kemperman / Borgers u.a. (2000), S. 3.
[19] Vgl. McAlister / Pessemier (1982), S. 311 ff.; Kahn (1995), S. 139 f.; Ratner / Kahn u.a. (1999), S. 2; Kempermann / Borgers u.a. (2000), S. 3; Burns (2007), S. 463 ff.
[20] Vgl. McAlister / Pessemier (1982), S. 311; Kemperman / Borgers (2000), S. 3; Koppelmann / Brodersen (2001), S. 58.
[21] Vgl. McAlister / Pessemier (1982), S. 311; Pessemier (1985), S. 79 ff.; Kahn / Kalwani (1986), S. 90; Kahn (1995), S. 139; Kemperman / Borgers (2000), S. 3.
[22] Vgl. McAlister / Pessemier (1982), S. 311; Koppelmann / Brodersen (2001), S. 58.
[23] Vgl. McAlister / Pessemier (1982), S. 311; Pessemier (1985), S. 79 ff.; Kahn / Kalwani (1986), S. 90; Kahn (1995), S. 139; Kemperman / Borgers (2000), S. 3.
[24] Vgl. Givon (1984), S. 2 f.; van Trijp / Steenkamp (1992), S. 183; Bänsch (1995), S. 344; van Trijp / Hoyer u.a. (1996), S. 281 ff.; Gierl / Helm / Stumpp (1999), S. 220; Koppelmann / Brodersen (2001), S. 58; Gierl / Helm / Stumpp (2002), S. 216; Woratschek / Horbel (2005), S. 47.

wissenschaftliche Beiträge \ Definitionsansätze	Tendenz nach Vielfalt in der Produktwahl	Bedürfnis nach Abwechslung	Nutzen aus dem Wechsel selbst	Beobachtbares Wechselverhalten	Verschiedene Ursachen	Nicht aus Unzufriedenheit oder Präferenzwechsel	Verlangen nach Stimulation	Übersättigung / Langeweile	Neugier	Innerhalb einer Produktgattung
Faison (1977)		X	X			X		X		
Hirschman / Wallendorf (1980)		X					X	X	X	
McAlister (1982)			X				X			
McAlister / Pessemier (1982)	X				X					
Hoyer / Ridgway (1984)						X	X	X		
Givon (1984)			X	X						X
Bawa (1990)							X	X		
Tscheulin (1994)			X			X				
Herrmann / Gutsche (1994)		X	X	X						X
Bänsch (1995)		X	X	X				X		
Kahn (1995, 1998)	X				X					
Van Trijp / Hoyer / Inman (1996)			X							
ter Haseborg / Mäßen (1997)		X	X				X	X	X	
Herrmann / Seilheimer u.a. (1998)		X		X			X			
Ratner / Kahn u.a. (1999)	X				X					
Koppelmann / Brodersen u.a. (2001)		X				X		X	X	
Kuß (2001)		X				X		X	X	
Gierl / Helm / Stumpp (2002)		X				X				
Woratschek / Horbel (2005, 2008)		X	X			X				
Tscheulin / Helmig (2007)			X			X	X	X		

Tabelle 1   Begriffsbestimmungen des VSB in der Literatur
Quelle: eigene Darstellung

Aus den verschiedenen Ansätzen wurde die folgende Definition herausgearbeitet, welche die entscheidenden Kriterien wiedergibt:

VSB bezeichnet ein Wechselverhalten von Kunden, das nicht aus Unzufriedenheit oder einem Präferenzwechsel geschieht, sondern weil der

Wechsel selbst einen Nutzen darstellt.[25] Es äußert sich vor allem im Streben nach Vielfalt in der Wahl von Produkten und Dienstleistungen.[26] Somit kann es als ein aus dem Bedürfnis nach Abwechslung motiviertes Wechselverhalten verstanden werden.[27] Das Bedürfnis nach Abwechslung selbst kann verschiedene Ursachen und Gründe haben.[28] Diese sind im Folgenden zu kategorisieren und zu analysieren.

In Bezug auf die Produktbezogenheit von VSB lassen sich zwei Arten unterscheiden, die aber nicht vollständig getrennt werden können und miteinander korrelieren.[29] Die eine Art bezeichnet den Wechsel zwischen bekannten Alternativen einer Produktgattung.[30] Das Wechselverhalten äußert sich hierbei nur in der Wahl verschiedener Ausprägungen einer Dienstleistung oder in der Wahl unterschiedlicher Hersteller und Marken (Variation Seeking).[31] Die andere Art bezeichnet ein Streben nach Neuem und Unbekanntem (Novelty Seeking bzw. Risk Taking).[32] Das Wechselverhalten äußert sich in diesem Fall insbesondere durch den Kauf von Produktinnovationen. Da eine trennscharfe Abgrenzung nicht möglich ist, werden in dieser Arbeit unter dem Begriff VSB beide Ausprägungen zusammengefasst.

2.2.2 Negativdefinition des Begriffs Variety Seeking Behaviour

In der Praxis kommt es vor, dass verschiedene Wechselgründe zusammentreffen.[33] Die Identifikation der wirklichen Motivation eines Wechsels hängt entscheidend von der Messmethode ab. Werden

---

[25] Vgl. Faison (1977), S. 174; McAlister (1982), S. 141; Givon (1984), S. 2; Keon / Bayer (1984), S. 419; Pessemier (1985), S. 83; Herrmann / Gutsche (1994), S. 64; Tscheulin (1994), S. 54; Bänsch (1995), S. 344; Menon / Kahn (1995), S. 286; Diller (1996), S. 84; Kemperman / Borgers u.a. (2000), S. 4; Kuß (2001), S. 1721; Gierl / Helm u.a. (2002), S. 216; Koppelmann / Brodersen u.a. (2001), S. 58; Tscheulin / Helmig (2007), S. 550.
[26] Vgl. Kahn / Kalwani u.a. (1986), S. 89; Kahn (1995), S. 139; Kahn (1998), S. 46.
[27] Vgl. Hirschman / Wallendorf (1980), S. 17; Herrmann / Gutsche (1994), S. 64; Bänsch (1995), S. 344; ter Haseborg / Mäßen (1997), S. 165; Herrmann / Seilheimer u.a. (1998), S. 336, Koppelmann / Brodersen u.a. (2001), S. 58; Woratschek / Horbel (2005), S. 47; Balderjahn / Scholderer (2007), S. 22; Meffert (2000), S. 851 f.
[28] Vgl. McAlister / Pessemier (1982), S. 311; Kahn (1995), S. 140; Ratner / Kahn u.a. (1999), S. 2.
[29] Vgl. Hirschman / Wallendorf (1980), S. 17.
[30] Vgl. Raju (1980), S. 280, Steenkamp / Baumgartner (1992), S. 435; Herrmann / Gutsche (1994), S. 64; Johnson / Herrmann u.a. (1995), S. 235; Gierl / Helm u.a. (1999), S. 220; Koppelmann / Brodersen u.a. (2001), S. 58.
[31] Vgl. Koppelmann / Brodersen u.a. (2001), S. 58.
[32] Vgl. ebenda; Hirschman / Wallendorf (1980), S. 17; Raju (1980), S. 278 f. ; Hoyer / Ridgway (1984), S. 115; Tscheulin / Helmig (2007), S. 551.
[33] Hoyer / Ridgway (1984), S. 115; Pessemier (1985), S. 71; Bänsch (1995), S. 344; van Trijp / Hoyer u.a. (1996), S. 289.

beispielsweise so genannte Paneldaten[34] erhoben, kann die ursächliche Motivation für den Wechsel nicht ermittelt werden.[35]

Auch wenn VSB sich nicht von allen anderen Wechselgründen eindeutig abgrenzen lässt, so sind doch einige Wechselgründe eindeutig hiervon zu trennen. In Kapitel 2.2.1 wurde bereits definiert, dass VSB trotz Zufriedenheit mit dem letzten Kauf auftritt. Unzufriedenheit (z.b. aufgrund von schlechtem Service) stellt zwar einen der häufigsten Gründe für den Wechsel bei der Inanspruchnahme von Dienstleistungen dar[36], er wird aber hier bewusst ausgeschlossen. Neben diesem Wechselgrund können die Nichtwiederholbarkeit des letzten Kaufes (aufgrund von Nichterhältlichkeit oder Nichtbezahlbarkeit), ein möglicher Appetenz-Appetenz-Konflikt[37], eine Geschmacks- oder Gewohnheitsänderung (z.B. durch Werbeeinfluss), eine Änderung in der Wahlsituation (z.B. aufgrund eines Umzuges oder unterschiedlicher Gebrauchsarten[38]) und situative oder normative Faktoren (z.B. Imponierung vor anderen Personen) vom wahren VSB abgegrenzt werden.[39]

2.3 Besonderheiten von Dienstleistungen

Das VSB soll im Rahmen dieser Arbeit nur in Bezug auf Dienstleistungen untersucht werden. Daher ist zu klären, was unter dem Begriff Dienstleistung zu verstehen ist. Grundsätzlich finden sich hierzu drei verschiedene Ansätze, da auch für den Begriff der Dienstleistung keine allgemein anerkannte Definition vorliegt.[40] Dies sind die enumerative Aufzählung anhand von Beispielen, die Abgrenzung anhand einer Negativdefinition im Vergleich zu Sachgütern und die Definition anhand konstitutiver Merkmale.[41] Da im Folgenden Handlungsempfehlungen für Dienstleistungsanbieter

---

[34] Hierbei werden für eine bestimmte Gruppe von Querschnittseinheiten (Personen, Regionen usw.) Daten wiederholt in regelmäßigen Abständen zum gleichen Untersuchungsgegenstand erhoben. [Quelle: Berekoven / Spintig (2001), S. 1240].
[35] Vgl. Pessemier (1985), S. 80; Kahn / Kalwani u.a. (1986), S. 99; van Trijp / Steenkamp (1992), S. 184; van Trijp / Hoyer u.a. (1996), S. 282; Tang / Chin (2007), S. 25.
[36] Vgl. Keaveney (1995), S. 78.
[37] Diese liegen vor, wenn zwei oder mehr attraktive Alternativen bestehen zwischen denen der Kunde schwankt.
[38] Beispiel für unterschiedliche Gebrauchsarten: Massage als medizinische Behandlung und Massage als Entspannung.
[39] Vgl. Bebié (1978), S. 604 f.; Hoyer / Ridgway (1984), S. 115; McAlister / Pessemier (1982), S. 313; van Trijp / Steenkamp (1992), S. 183; Bänsch (1995), S. 343; van Trijp / Hoyer u.a. (1996), S. 281.
[40] Vgl. Kaas (2001), S. 105; Meffert / Bruhn (2009), S. 16.
[41] Vgl. Meffert / Bruhn (2009), S. 16.

gegeben werden sollen, ist nur die Definition anhand konstitutiver Merkmale sinnvoll.[42]

Für Dienstleistungen ist zunächst bedeutsam, dass ein Anbieter ein Leistungspotential für die Leistungserstellung vorhält.[43] Im Rahmen des Leistungserstellungsprozesses aktiviert er dann diese Potentiale und kombiniert sie mit einem externen Faktor des Kunden.[44] Das Resultat dieses Prozesses ist das Leistungsergebnis, welches regelmäßig intangibel ist.[45] Somit sind die Integration eines externen Faktors und die Intangibilität weitere konstitutive Merkmale einer Dienstleistung.[46] Intangibilität bezeichnet die mangelnde physische Greifbarkeit sowie die schwierige intellektuelle Erfassbarkeit, welche durch die Immaterialität von Dienstleistungen hervorgerufen wird.[47]

Eine weitere Möglichkeit zur Bestimmung wesentlicher Merkmale bietet die Informationsökonomik. Sie systematisiert Leistungen nach ihren Such-, Erfahrungs- und Vertrauenseigenschaften.[48]

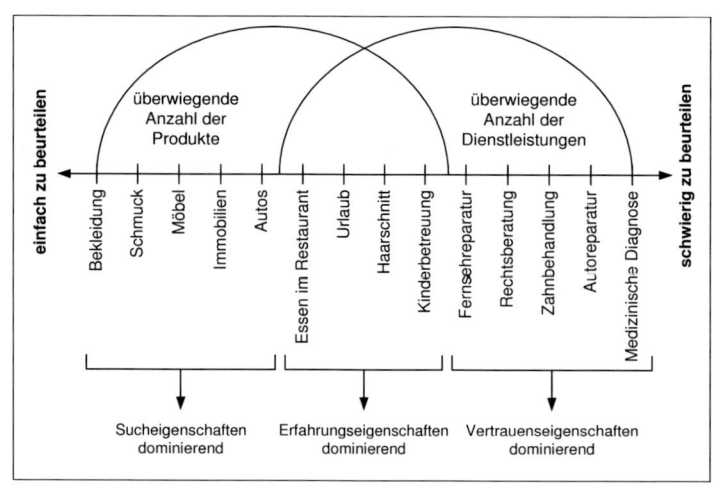

Abbildung 3   Kontinuum von Leistungsergebnissen
               Quelle: eigene Darstellung, in Anlehnung an Zeithaml (1981), S. 186

---

[42] Vgl. Meffert / Bruhn (2009), S. 16.
[43] Vgl. Kleinaltenkamp (2001), S. 32.
[44] Vgl. ebenda.
[45] Vgl. ebenda.
[46] Vgl. Kaas (2001), S. 107; Meffert / Bruhn (2009), S. 16.
[47] Vgl. Zeithaml (1981), S. 186.
[48] Vgl. Meffert / Burmann u.a. (2008), S. 39; Meffert / Bruhn (2009), S. 56.

Wie die Grafik (Abbildung 3, Seite 9) zeigt, kann beim Vergleich von Sachgütern und Dienstleistungen ein kontinuierlicher Übergang von Such-, über Erfahrungs- zu Vertrauenseigenschaften festgestellt werden.[49]

Sucheigenschaften können bereits während des Suchprozesses vor dem eigentlichen Kauf festgestellt werden, während Erfahrungseigenschaften erst nach Inanspruchnahme der Dienstleistung beurteilt werden können.[50] Vertrauenseigenschaften können sogar nach Inanspruchnahme der Dienstleistung nur schwer und mit hohen Anstrengungen oder überhaupt nicht bewertet werden.[51] Grundsätzlich gilt, dass die verschiedenen Eigenschaften immer gemeinsam in verschieden starker Ausprägung auftreten.

Im Rahmen der weiteren Analyse ist zu prüfen, ob VSB durch diese charakteristischen Eigenschaften der Dienstleistung beeinflusst wird.

3 Konzeptualisierung des Variety Seeking Behaviours

Nachdem nun die begrifflichen Grundlagen erläutert wurden, soll im Folgenden der Fokus auf eine systematische Einteilung der Arten des VSB vorgenommen, um anschließend die Entstehungsgründe näher zu untersuchen.

3.1 Kategorisierung des Variety Seeking Behaviours

In der Praxis können verschiedene Arten von Wechselverhalten beobachtet werden. Bestimmte Personen wechseln häufiger die Marke oder den Dienstleistungsanbieter als andere. Man kann also interpersonelle Unterschiedlichkeiten im Wechselverhalten feststellen.[52] Bei bestimmten Dienstleistungen kann Wechselverhalten häufig beobachtet werden, während bei anderen Dienstleistungen eher selten Wechselverhalten auftritt.[53] Außerdem legen Personen im Zeitablauf ein unterschiedlich starkes Wechselverhalten an den Tag. In diesem Fall spricht man von intrapersonellen Unterschiedlichkeiten.[54]

---

[49] Vgl. Zeithaml (1981), S. 186.
[50] Vgl. Darby / Karni (1973), S. 68; Meffert / Burmann u.a. (2008), S. 40; Meffert / Bruhn (2009), S. 57.
[51] Vgl. Darby / Karni (1973), S. 69; Meffert / Burmann u.a. (2008), S. 41; Meffert / Bruhn (2009), S. 57.
[52] Vgl. Pessemier (1985), S. 71; Bänsch (1995), S. 342.
[53] Vgl. Givon (1984), S. 3.
[54] Vgl. Pessemier (1985), S. 71; Bänsch (1995), S. 342.

Im Rahmen dieser Arbeit soll das VSB als statisch bezeichnet werden, wenn ein Konsument generell oder zumindest bezogen auf bestimmte Dienstleistungsarten ein zeitlich konstantes Wechselverhalten zeigt. Wenn eine Person ein im Zeitablauf unterschiedlich stark ausgeprägtes Wechselverhalten zeigt, wird dies im Folgenden als dynamisches VSB bezeichnet.

Zur Systematisierung wird das VSB in drei Typen unterteilt. Typ I umfasst dabei das Wechselverhalten, das bei Personen auftritt, die aufgrund ihrer Persönlichkeitsmerkmale unabhängig von der Art der Dienstleistung über die Zeit hinweg besonders häufig Marken- oder Anbieterwechsel durchführen. Unter Typ II wird das Wechselverhalten subsumiert, das bei bestimmten Dienstleistungsarten unabhängig vom Konsumenten beobachtet werden kann. Im Zeitablauf unterschiedlich stark auftretendes Wechselverhalten soll unter Typ III zusammengefasst werden. Da das Wechselverhalten im Zeitablauf immer nur bezogen auf eine Person und nicht auf mehrere Personen beobachtet werden kann, erscheint eine Kombination aus „dynamisch" und „dienstleistungsbezogen" nicht sinnvoll. In der nachfolgenden Kategorisierung (Tabelle 2, Seite 11) sind die Typen nochmals dargestellt.

	personenbezogen	dienstleistungsbezogen
statisch	Typ I	Typ II
dynamisch	Typ III	

Tabelle 2   Kategorisierung des VSB
Quelle: eigene Darstellung

3.2 Erklärungsansätze

In der Marketing-Literatur finden sich in Bezug auf das VSB zwei unterschiedliche Forschungsrichtungen.[55] Zum einen wird das VSB als zu komplex und nicht erklärbar bezeichnet, zum anderen wird versucht, es anhand von psychologischen Ansätzen zu erklären. Die erste Forschungsrichtung modelliert das VSB stochastisch, während die Autoren der zweiten Richtung eine Erklärung anhand deterministischer Strukturen beschreiben.[56] Im Rahmen dieser Arbeit wird eine Erklärung für das VSB

---

[55] Vgl. McAlister / Pessemier (1982), S. 311; ter Haseborg / Mäßen (1997), S. 165 f.; Michaelidou / Dibb u.a. (2005), S. 79.
[56] Vgl. McAlister / Pessemier (1982), S. 311; Pessemier (1985), S. 90; ter Haseborg / Mäßen (1997), S. 165 f.; Meixner (2005), S. 49; Michaelidou / Dibb u.a. (2005), S. 79.

gesucht, um Marketingimplikationen für die Dienstleistungspraxis ableiten zu können. Eine reine Modellierung anhand von Kaufhistorien mit Hilfe von Paneldaten, um die Wahrscheinlichkeit für das Auftreten von VSB abzuleiten, hilft für die Entwicklung von Handlungsempfehlungen nicht. Der Grund hierfür ist in der Gefahr zu sehen, dass lediglich Markenwechsel festgestellt werden, nicht jedoch die zugrunde liegende Motivation.[57]

Daher soll hier auf die psychologischen Erklärungsansätze zurückgegriffen werden.[58] Dazu werden im Folgenden zwei Theorien erläutert, die grundsätzlich zur Erklärung von Konsumentenverhalten herangezogen werden können. Neben einer reinen Darstellung wird untersucht, inwieweit diese Theorien das VSB erklären können.

3.2.1 Lerntheorie

Der erste Erklärungsansatz stammt aus dem Bereich der Kaufverhaltensforschung, in dem verschiedene lerntheoretische Ansätze zur Erklärung der Handlungen der Konsumenten genutzt werden. Gemeinsam ist allen, dass sie das Lernen als eine Veränderung des Verhaltens aufgrund von Erfahrungen betrachten.[59] Lernprozesse treten dabei ein, wenn der Konsument mit einem Anbieter in Interaktion tritt.[60] Allgemein gilt, dass sich durch das Lernen die Wahrscheinlichkeit verändert, ein bestimmtes Verhalten erneut oder nicht mehr zu zeigen.[61] Die Lerntheorien unterteilen sich grundsätzlich in die Reiz-Reaktions-Theorien, die Kognitiven Theorien und die Theorien des verbalen und bildlichen Lernens.[62] Auf die dritte Theorie wird an dieser Stelle allerdings nicht weitergegangen, da diese für die Erklärung des VSB nicht relevant ist.

Die Reiz-Reaktions-Theorien gehören zur Forschungsrichtung des Behaviorismus.[63] Ihre Grundformen sind die klassische und die instrumentelle Konditionierung.[64] Bei der klassischen Konditionierung, die meist anhand von Tierversuchen erforscht wurde, tritt eine Reizreaktionsverbindung auf, nach der ein ursprünglich neutraler Stimulus nach der

---

[57] Vgl. ter Haseborg / Mäßen (1997), S. 166.
[58] Vgl. ebenda, S. 167; McAlister / Pessemier (1982), S. 314; Michaelidou / Dibb u.a. (2005), S. 79.
[59] Vgl. Kroeber-Riel / Weinberg (2003), S. 322; Homburg / Becker u.a. (2008), S. 112; Gröppel-Klein / Königstorfer (2008), S. 52; Meffert / Burmann u.a. (2008), S. 114.
[60] Vgl. Gröppel-Klein / Königstorfer u.a. (2008), S. 52.
[61] Vgl. Kroeber-Riel / Weinberg (2003), S. 326, Balderjahn / Scholderer (2007), S. 43.
[62] Vgl. Behrens (1973), S. 91; Bänsch (2002), S. 85; Kroeber-Riel / Weinberg (2003), S. 334.
[63] Vgl. Kroeber-Riel (1972), S. 19; Behrens (1973), S. 102; Bebié (1978), S. 103.
[64] Vgl. Kroeber-Riel (1972), S. 19; Bänsch (2002), S. 86.

Konditionierung eine bestimmte Reaktion hervorruft.[65] Das Individuum lernt auf einen ursprünglich neutralen Reiz zu reagieren.[66]

Bei der instrumentellen Konditionierung wird eine frei auftretende Reaktion durch eine positive Verstärkung belohnt oder durch eine negative Verstärkung bestraft.[67] In den ursprünglichen Forschungsexperimenten wurde unterstellt, dass eine positive Verstärkung die Reaktionswahrscheinlichkeit der belohnten Handlung erhöht.[68] Entsprechend wird durch eine negative Verstärkung das Auftreten einer unerwünschten Handlung reduziert. Diese empirischen Ergebnisse können auf das Kaufverhalten der Konsumenten übertragen werden. Bei positiven Erfahrungen mit einem Produkt, einer Dienstleistung, einer Marke, einer Einkaufstätte oder einem Verkäufer erwartet der Konsument für die Zukunft weitere positive Erfahrungen, sodass die Wahrscheinlichkeit für einen erneuten Kauf verstärkt wird.[69] Zur Bedürfnisbefriedigung treten ähnliche Verhaltenswiederholungen auf.[70] Diese lassen sich in der Praxis entsprechend beobachten.[71] Auf diese Weise lässt sich mit den Lerntheorien insbesondere die Markentreue erklären.[72]

Beiden Formen der Konditionierung liegt das so genannte S-R-Modell[73] zugrunde, welches den Menschen als reagierendes System versteht.[74] Dieses Modell berücksichtigt nur extern beobachtbare Größen, wie Stimuli und durch sie hervorgerufene Verhaltensreaktionen. Da es sich hierbei um einen „Black-Box-Ansatz" handelt, werden die Vorgänge im Innern des Menschen explizit ausgeblendet.[75]

Damit verbunden ist allerdings eine starke Vereinfachung der Wirklichkeit.[76] Viele Verhaltensweisen lassen sich auf diese Weise nicht erklären, so

---

[65] Vgl. Behrens (1973), S. 93 f.; Bänsch (2002), S. 86, Meffert / Burmann u.a. (2008), S. 115.
[66] Kroeber-Riel / Weinberg (2003), S. 336.
[67] Vgl. ebenda, S. 337; Behrens (1973), S. 100; Bänsch (2002), S. 88; Balderjahn / Scholderer (2007), S. 47; Meffert / Burmann u.a. (2008), S. 115.
[68] Vgl. Behrens (1973), S. 102; Kroeber-Riel / Weinberg (2003), S. 337; Homburg / Becker u.a. (2008), S. 113; Meffert / Burmann u.a. (2008), S. 115.
[69] Vgl. Behrens (1973), S. 102; Homburg / Giering u.a. (1999), S. 180; Bänsch (2002), S. 89; Kroeber-Riel / Weinberg (2003), S. 337 ff.; Homburg / Becker u.a. (2008), S. 113; Meffert / Burmann u.a. (2008), S. 115.
[70] Vgl. Faison (1977), S. 172.
[71] Vgl. Behrens (1973), S. 102.
[72] Vgl. Bebié (1978), S. 130.
[73] Das „S" steht dabei für Stimulus und das „R" für Reaktion.
[74] Vgl. Bebié (1978), S. 103; Müller-Hagedorn (1986), S. 67; Meffert / Burmann u.a. (2008), S. 115.
[75] Vgl. Behrens (1973), S. 102, Müller-Hagedorn (1986), S. 67; Nieschlag / Dichtl u.a. (2002), S. 589; Balderjahn / Scholderer (2007), S. 5; Meffert / Burmann u.a. (2008), S. 101.
[76] Vgl. Behrens (1973), S. 102; Behrens (1991), S. 261 und 280.

zeigte sich sogar bei Tierversuchen, dass manche Tiere nicht die konditionierte Eigenschaft verfolgten, sondern aus Langeweile einen anderen Stimulus suchten und deshalb andere Handlungen ausführten.[77] Die Vereinfachung der Wirklichkeit bedingt, dass viele Details nicht mehr berücksichtigt werden und somit das komplexe Konsumentenverhalten nicht allein durch diesen Ansatz erklärt werden kann.[78]

Um dieses Problem aufzugreifen, müssen kognitive Prozesse mit einbezogen werden.[79] Hierdurch wird eine Verbindung zu den kognitiven Lerntheorien geschaffen.[80] Diese besagen, dass kognitive Orientierungen, insbesondere Erwartungen über die Umwelt, gelernt werden.[81] Durch die Aufnahme immer neuer Reize, formt sich das Individuum einen Plan, sodass kognitive Strukturen und Sachverhalte im Sinne von gedanklichen Einsichten gelernt werden.[82]

Lernen wird in diesem Sinne mit Hilfe von so genannten intervenierenden Variablen erklärt.[83] Der Begriff der intervenierenden Variable wurde 1958 von E. Tolman eingeführt, der als klassischer Repräsentant der kognitiven Lerntheorien gilt.[84] Man versteht hierunter nicht beobachtbare Größen wie Motivation und Einstellung.[85] Diese Lerntheorien werden als neobehavioristisch bezeichnet.[86] Durch die Einbeziehung von intervenierenden Variablen als vermittelnde Konstrukte wird das S-R-Modell zum S-I-R-Modell[87] erweitert.[88]

Mit Hilfe der Lerntheorien kann das statische VSB (Typ I und Typ II) erklärt werden. Das VSB kann dabei eine gelernte Strategie sein, da abwechslungsreiche Erlebnisse in der Erinnerung positiver wahrgenommen werden.[89] So werden Urlaube, in denen man viele Unternehmungen durchgeführt hat, positiver in Erinnerung behalten als andere.[90] Der Konsument hat aufgrund seiner Erfahrungen gelernt, dass er durch den Wechsel

---

[77] Vgl. Faison (1977), S. 172.
[78] Vgl. Behrens (1973), S. 92 und 102; Behrens (1991), S. 261 und 280.
[79] Vgl. Kroeber-Riel / Weinberg (2003), S. 335.
[80] Vgl. ebenda.
[81] Vgl. ebenda, S. 334.
[82] Vgl. Bebié (1978), S. 104 und 112; Bänsch (2002), S. 89.
[83] Vgl. Kroeber-Riel (1972), S. 19.
[84] Vgl. Bebié (1978), S. 116.
[85] Vgl. Kroeber-Riel (1972), S. 14; Balderjahn / Scholderer (2007), S. 6.
[86] Vgl. Kroeber-Riel (1972), S. 14.
[87] Das eingefügte „I" steht hierbei für Intervenierende Variablen.
[88] Vgl. Kroeber-Riel (1972), S. 15; Nieschlag / Dichtl u.a. (2002), S. 589; Trommsdorff (2004), S. 121; Balderjahn / Scholderer (2007), S. 6, Meffert / Burmann u.a. (2008), S. 101.
[89] Vgl. Ratner / Kahn u.a. (1999), S. 13.
[90] Vgl. ebenda.

zwischen verschiedenen Anbietern, Marken, Urlaubsorten usw. eine höhere Bedürfnisbefriedigung erreicht. Zudem gilt, dass abwechslungsreiche Sequenzen lang anhaltend in der Erinnerung des Menschen haften bleiben.[91]

Der Vollständigkeit halber seien auch die modelltheoretischen Ansätze erwähnt. Sie versuchen, den Lernprozess zu formalisieren und Kaufwahrscheinlichkeiten anhand früherer Handlungen abzuleiten.[92] Da diese so genannten Lernmodelle die Erforschung der wahren Gründe und Motive der Kaufhandlungen vernachlässigen und deshalb wenig zur Erklärung des Konsumentenverhaltens beitragen, wird hierauf nicht weiter eingegangen.[93]

3.2.2 Optimum Stimulation Level Theorie

Eine zweite zur Erklärung des VSB angeführte Theorie ist die Optimum Stimulation Level (OSL) Theorie, welche in der Literatur als zentral angesehen wird.[94] Sie versteht Variety Seeking als eine Wechselneigung, die auf dem intrinsischen Bedürfnis nach Stimulation basiert.[95] Dabei wird davon ausgegangen, dass jeder Mensch einen persönlichen Stimulationslevel besitzt, welcher als optimal empfunden wird, den so genannten OSL.[96] Dieses Erregungsoptimum beschreibt einen angenehmen Zustand zwischen Langeweile und Stress.[97] Sinkt die Stimulation unter das ideale Niveau, fühlt sich das Individuum gelangweilt und damit zu aktiver Suche nach Abwechslung motiviert.[98] Steigt die Stimulation dagegen über das Optimum, versucht das Individuum sie zu reduzieren.

Das VSB entsteht nach dieser Theorie also dann, wenn ein Zustand zu geringer Abwechslung, also ein suboptimales Erregungsniveau und damit Langeweile, eintritt.[99] Der Konsument reagiert mit VSB, um neue Reize zu finden und auf diese Weise die Situation komplexer zu gestalten.[100]

---

[91] Vgl. Ratner / Kahn u.a. (1999), S. 13.
[92] Vgl. Bebié (1978), S. 122; Kroeber-Riel / Weinberg (2003), S. 332.
[93] Vgl. Bebié (1978), S. 127; Kroeber-Riel / Weinberg (2003), S. 333.
[94] Vgl. van Trijp / Steenkamp (1992), S. 184; Menon / Kahn (1995), S. 286; Tscheulin / Helmig (2007), S. 552.
[95] Vgl. Hoyer / Ridgway (1984), S. 114; van Trijp / Hoyer u.a. (1996), S. 282; Herrmann / Seilheimer u.a. (1998), S. 339; Gröppel-Klein / Königstorfer u.a. (2008), S. 62.
[96] Vgl. ter Haseborg / Mäßen (1997), S. 166 f.; Herrmann / Seilheimer u.a. (1998), S. 339; Koppelmann / Brodersen u.a. (2001), S. 58; Michaelidou / Dibb u.a. (2005), S. 79.
[97] Vgl. Trommsdorff (2004), S. 129.
[98] Vgl. Berlyne (1974), S. 244; Raju (1980), S. 272; McAlister / Pessemier (1982), S. 314; Hoyer / Ridgway (1984), S. 114; Bänsch (1995), S. 347; van Trijp / Hoyer u.a. (1996), S. 282; Herrmann / Seilheimer u.a. (1998), S. 340; Koppelmann / Brodersen u.a. (2001), S. 58; Bänsch (2002), S. 35.
[99] Vgl. Bänsch (1995), S. 346; Menon / Kahn (1995), S. 286; ter Haseborg / Mäßen (1997), S. 167; Roehm jr. / Roehm (2004), S. 215; Tscheulin / Helmig (2007), S. 551.
[100] Vgl. Herrmann / Seilheimer u.a. (1998), S. 340; Tscheulin / Helmig (2007), S. 551.

Historisch gesehen, hat sich diese Theorie aus den Untersuchungen Berlynes zum Explorationsverhalten entwickelt. Mit Explorationsverhalten bezeichnet Berlyne das Verhalten, welches die Funktion hat, das Reizfeld zu verändern.[101] Als eine besondere Form des Explorationsverhaltens nennt Berlyne die „breitgestreute Exploration", mit der er die Suche nach Befreiung von Langeweile oder nach neuen Erfahrungen bezeichnet.[102]

In der Literatur werden zwei Ansätze zur Erklärung der Explorationsneigung unterschieden.[103] Zum einen wird die Explorationsneigung auf die absolute Höhe des optimalen Stimulationsniveaus (Optimumansatz) und zum anderen auf die Abweichung des aktuellen vom optimalen Niveau zurückgeführt (Diskrepanzansatz).[104]

Der Optimumansatz unterstellt dabei, dass Individuen mit einem hohen OSL fast immer unter ihrem Optimum liegen und somit das aktuelle Optimum nicht ermittelt werden muss, sondern direkt auf das Explorationsverhalten geschlossen werden kann.[105] Der OSL wird in diesem Sinne als charakteristische Eigenschaft einer Person angesehen und kann sich in diesem Fall mit Veränderungen von intrapersonellen Merkmalen (z.B. Alter, Einstellung) verschieben.[106]

In der nachfolgenden Grafik (Abbildung 4, Seite 17) sind zwei Personen mit unterschiedlichem optimalen Stimulationsniveau dargestellt. Nach dem Optimumansatz geht man davon aus, dass Person B, deren optimales Stimulationsniveau hoch ist, ein starkes Explorationsverhalten und damit ein hohes VSB aufweist, während Person A ihr Optimum schneller erreicht und daher eine geringere Wechselneigung hat.

---

[101] Vgl. Berlyne (1974), S. 107.
[102] Vgl. ebenda, S. 109.
[103] Vgl. Raju (1980), S. 272 ff.; Etzel / Wahlers (1984), S. 92 ff.; Steenkamp / Baumgartner (1992), S. 434 ff.; Gierl / Helm u.a. (1999), S. 217.
[104] Vgl. Gierl / Helm u.a. (1999), S. 217.
[105] Vgl. ebenda, S. 219.
[106] Vgl. ebenda, S. 218; Raju (1980), S. 276 f.; van Trijp / Steenkamp (1992), S. 184; Bänsch (1995), S. 347.

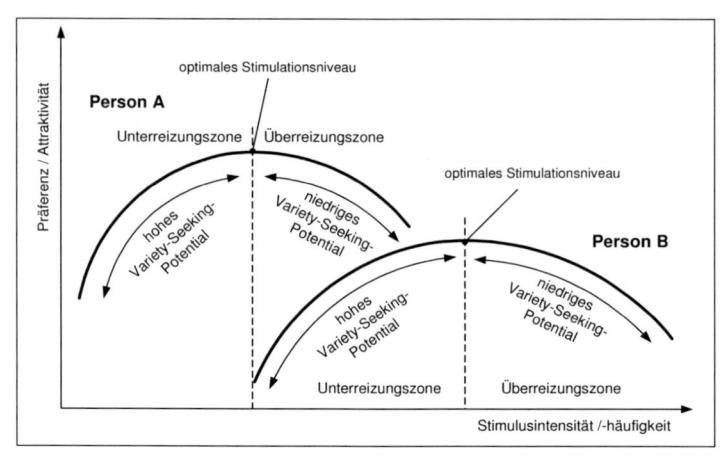

Abbildung 4   Abhängigkeit des VSB vom optimalen Stimulationsniveau
Quelle: eigene Darstellung in Anlehnung an Bänsch (1995), Seite 347

Beim Diskrepanzansatz geht man hingegen davon aus, dass die Differenz aus aktuellen und optimalen Stimulationsniveau die Suche steuert und der Organismus versucht die Abweichung auszugleichen, wenn sein aktuelles Stimulationsniveau zu einem bestimmten Zeitpunkt nicht dem optimalen Niveau entspricht.[107]

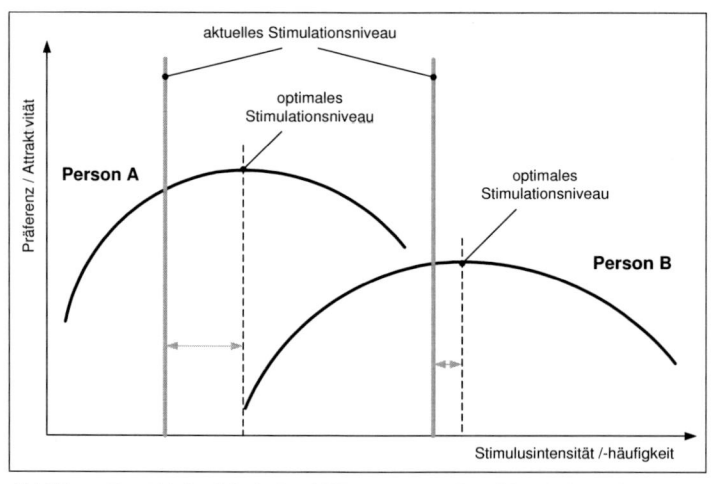

Abbildung 5   Abhängigkeit des VSB vom aktuellen Stimulationsniveau
Quelle: eigene Darstellung

---

[107] Vgl. van Trijp / Hoyer u.a. (1996), S. 282; Gierl / Helm u.a. (1999), S. 219; Roehm jr. / Roehm (2004), S. 215.

In der Abbildung 5 (Seite 17) ist das aktuelle Stimulationsniveau für die Personen A und B eingetragen. Person A ist aktuell weiter von ihrem persönlichen Optimum entfernt als Person B, sodass sie ein höheres Potential für VSB aufweist.

Der Zusammenhang zwischen der Stimulation und ihrer Präferenz weist also in beiden Fällen einen umgekehrten U-förmigen Zusammenhang auf.[108] Dies bedeutet, dass die Präferenz bei einem geringen Erregungsniveau niedrig ist. Das Individuum sucht nach neuen Reizen um seine Erregung zu steigern. Ist sein Erregungsniveau dagegen hoch, versucht das Individuum durch Kontinuität das Erregungsniveau zu senken.

Hier kann ein Zusammenhang zum dynamischen Einstellungs-Sättigungs-Modell von McAlister hergestellt werden. Danach ist der Präferenzbeitrag einer Produkt- oder Dienstleistungseigenschaft eine Funktion der Konsumhistorie und des Sättigungsgrades.[109] Das Erregungsniveau hängt davon ab, wie vertraut das Individuum mit einem Stimulus ist.[110] Mit zunehmender Vertrautheit eines Stimulus aufgrund von Wiederholungskäufen nimmt das innere Erregungsniveau im Vergleich zu anderen Stimuli ab.[111] Ist ein Stimulus dem Konsumenten bereits sehr vertraut und das Erregungsniveau demnach niedrig, tritt vermehrt VSB auf.[112] Der Kunde ist übersättigt.[113] Er sucht dann nach anderen Stimuli, die sein Erregungsniveau wieder erhöhen, und die Wahrscheinlichkeit des Wiederholungskaufs nimmt ab.[114]

---

[108] Vgl. Kroeber-Riel (1979), S. 241; Bawa (1990), S. 265; Steenkamp / Baumgartner (1992), S. 434; Gierl / Helm u.a. (1999), S. 218; Tscheulin / Helmig (2007), S. 550.
[109] Vgl. McAlister (1982), S. 142.
[110] Vgl. Bawa (1990), S. 265.
[111] Vgl. ebenda; Menon / Kahn (1995), S. 286; ter Haseborg / Mäßen (1997), S. 167.
[112] Vgl. Bawa (1990), S. 265.
[113] Vgl. McAlister / Pessemier (1982), S. 315; Kahn (1995), S. 141; Ratner / Kahn u.a. (1999), S. 2.
[114] Vgl. Koppelmann / Brodersen u.a. (2001), S. 60; Tscheulin / Helmig (2007), S. 552.

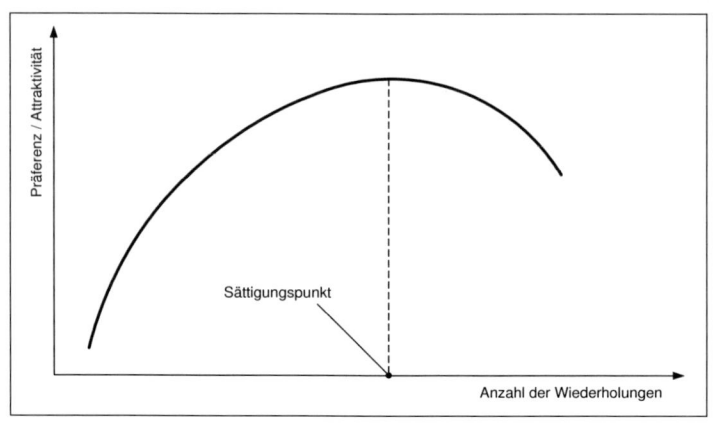

Konzeptualisierung des Variety Seeking Behaviours

Abbildung 6   Sättigungsmodell
Quelle: eigene Darstellung in Anlehnung an McAlister / Pessemier (1982), Seite 315.

In der Abbildung 6 auf Seite 19 wird die Präferenz in Abhängigkeit der durchgeführten Wiederholungen dargestellt. Ab dem Sättigungspunkt wird das Individuum nach anderen Stimuli suchen und Wechsel treten häufiger auf.

Man kann diesen Zusammenhang mit dem mikroökonomischen Gesetz des abnehmenden Grenznutzens vergleichen.[115] Das so genannte erste Gossen'sche Gesetz besagt, dass der Grenznutzen eines Produktes mit zunehmender Konsummenge sinkt. Der Unterschied zum Auftreten des VSB besteht darin, dass nach dem Gossen'schen Gesetz eine Sättigung des Gesamtbedürfnisses bezogen auf eine gesamte Produktgruppe eintritt, während beim VSB eine marken- oder attributsspezifische Sättigung innerhalb einer Produktgruppe eintritt.[116]

Mit der OSL-Theorie wird der gleiche Sachverhalt von einer jeweils unterschiedlichen Sichtweise beschrieben. Bei der OSL-Theorie wird auf der Abszisse eine Reizzunahme unterstellt, während beim Sättigungsmodell eine zunehmende Monotonie durch gleich bleibende Reize abgetragen wird. Beide Ansätze unterstellen, dass ein Individuum einen optimalen Zustand zwischen Reizvielfalt und Kontinuität sucht. Fühlt sich das Individuum durch gleich bleibende Reize gelangweilt, sucht es nach neuen Reizen und betreibt VSB. Ist die Reizvielfalt dagegen groß, versucht es die Reize zu minimieren. Beide liefern auf diese Weise eine Begründung

---

[115] Vgl. Herrmann / Gutsche (1994), S. 65.
[116] Vgl. McAlister (1982), S. 141 f.

für den Typ III des VSB, also das dynamische VSB. Die nachfolgende Illustration (Abbildung 7, Seite 20) verdeutlicht den Zusammenhang grafisch.

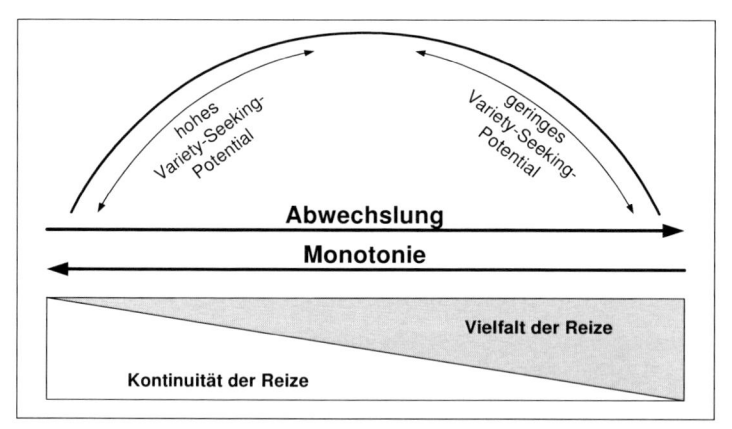

Abbildung 7   Abhängigkeit des VSB von den auftretenden Reizen
Quelle: eigene Darstellung

3.2.3 Zusammenfassende Darstellung

Mit der Hilfe der Lerntheorie kann eine Erklärung für das statische VSB gegeben werden. Das Individuum hat aufgrund seiner Erfahrungen gelernt, dass es mit VSB sein Bedürfnis nach Abwechslung befriedigen kann. Abhängig davon, ob es dieses Bedürfnis nur für bestimmte Dienstleistungen oder generell verspürt, lassen sich die Typen I und II unterscheiden.

Mit der OSL-Theorie und dem Sättigungsmodell kann eine Begründung für das dynamische VSB herausgearbeitet werden. Das Individuum sucht bei auftretender Langeweile oder Übersättigung nach Abwechslung, die sich in VSB äußert. Hat es sein optimales Niveau dagegen erreicht, stellt es das Wechselverhalten zeitweise ein.

Die nachfolgende Darstellung (Abbildung 8, Seite 21) fasst die Erklärungsansätze für die drei Typen des VSB zusammen.

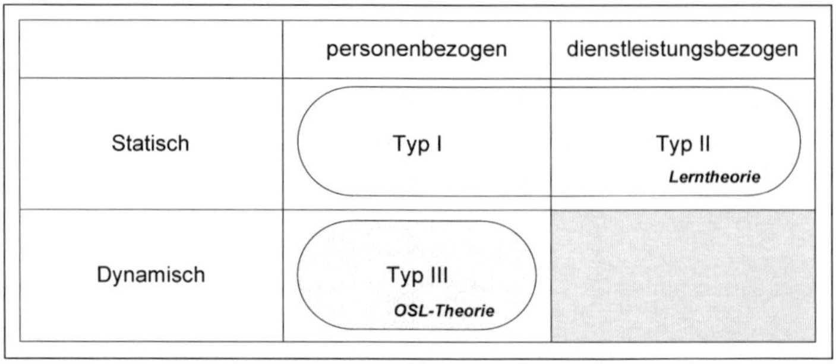

	personenbezogen	dienstleistungsbezogen
Statisch	Typ I	Typ II *Lerntheorie*
Dynamisch	Typ III *OSL-Theorie*	

Abbildung 8   Erklärungsansätze für die Typen des VSB
Quelle: eigene Darstellung

3.3 Bestimmungsfaktoren

In diesem Teil der Arbeit sollen die Bestimmungsfaktoren für das Auftreten von VSB analysiert werden. Sie können in demografische Faktoren, Persönlichkeitsmerkmale und Dienstleistungseigenschaften sowie sonstige Faktoren eingeteilt werden. Anhand von demographischen Faktoren und Persönlichkeitsmerkmalen werden Personen identifiziert, die besonders nach Abwechslung suchen und deshalb oft Markenwechsel vornehmen. Diese werden dann als Variety Seeker bezeichnet.[117] Weiterhin soll die Frage beantwortet werden, ob VSB bei Dienstleistungen grundsätzlich von Relevanz ist und welche Rolle die verschiedenen Merkmale von Dienstleistungen in diesem Zusammenhang spielen.

3.3.1 Demographische Faktoren

In der Literatur werden Alter, Geschlecht, Bildungsstand und Einkommensniveau als demographische Faktoren genannt, anhand derer Unterschiede im Auftreten von VSB festgemacht werden.[118]

In Bezug auf das Alter wird von Bänsch angeführt, dass jüngere Menschen eher zu Neugier tendieren und damit ein stärkeres Abwechslungsbedürfnis haben als ältere Menschen.[119] Dies entspricht auch den Ergebnissen von Raju, Etzel und Wahlers, Givon, Meixner sowie Kumar und Trivedi.[120] Tscheulin sowie Dodd, Pinkleton und Gustafson konnten dagegen bezüglich des Alters keine signifikanten Unterschiede feststellen.[121]

---

[117] Vgl. Bänsch (1995), S. 347; Kahn / Kalwani u.a. (1986), S. 90.
[118] Vgl. Bänsch (1995), S. 348.
[119] Vgl. ebenda.
[120] Vgl. Raju (1980), S. 280; Etzel / Wahlers (1984), S. 94; Givon (1984), S. 17; Meixner (2005), S. 55; Kumar / Trivedi (2006), S. 25.
[121] Vgl. Tscheulin (1994), S. 57; Dodd / Pinkleton u.a. (1996), S. 301.

Weiterhin lässt sich nicht allgemein belegen, dass jüngere Menschen immer eine höhere Neugier an den Tag legen. Die Unterscheidung nach dem Alter ist somit nicht geeignet, um Kunden hinsichtlich ihres Bedürfnisses nach Abwechslung zu unterscheiden.

Hinsichtlich des Geschlechtes ergaben empirische Untersuchungen von Tscheulin, dass Männer stärker zu VSB tendieren als Frauen.[122] Dagegen wird von Tang und Chin bei einer Studie im asiatischen Raum festgestellt, dass Frauen eher zu VSB neigen.[123] Dies kann möglicherweise auf kulturelle Unterschiede zwischen Europa und Asien zurückgeführt werden. Helmig stellt demgegenüber keine signifikanten Unterschiede fest.[124]

Bezüglich eines Einflusses durch das Bildungsniveau wird von einigen Autoren angeführt, dass eine höhere Bildung das Auftreten von VSB begünstige.[125] Dies kann damit begründet werden, dass ein höherer Wissensstand Fehlkaufgefahren reduziert.[126] Tscheulin sowie Dodd, Pinkleton und Gustafson fanden allerdings keine signifikanten Unterschiede.[127]

Der Einfluss des Einkommensniveaus wurde ebenfalls von verschiedenen Autoren untersucht. Givon und Tscheulin stellten dabei ein höheres VSB bei höherem Einkommen fest.[128] Die Ursache kann darin liegen, dass eine höhere Abwechslung, z.B. das Aufgreifen von Konsumtrends, ein höheres Einkommen erfordert und bei niedrigem Einkommen, die Gefahr eines Fehlkaufs ein wesentlich höheres Risiko darstellt.[129] Weitere Nachweise, die dies bestätigen, blieben jedoch aus.[130]

Insgesamt weichen die empirischen Untersuchungen so stark voneinander ab, dass kein Nachweis für die Eignung der demographischen Faktoren als Indikator für das Auftreten von VSB vorliegt.[131]

---

[122] Vgl. Tscheulin (1994), S. 57.
[123] Vgl. Tang / Chin (2007), S. 21.
[124] Vgl. Helmig (1996), S. 13.
[125] Vgl. Raju (1980), S. 280, Bänsch (1995), S. 349.
[126] Vgl. Koppelmann / Brodersen u.a. (2001), S. 61.
[127] Vgl. Tscheulin (1994), S. 57; Dodd / Pinkleton u.a. (1996), S. 301.
[128] Vgl. Givon (1984), S. 17; Tscheulin (1994), S. 57.
[129] Vgl. Koppelmann / Brodersen u.a. (2001), S. 61.
[130] Vgl. Keon / Bayer (1984), S. 419.
[131] Vgl. ebenda, S. 420; Dodd / Pinkleton u.a. (1996), S. 296; Meixner (2005), S. 55.

3.3.2 Persönlichkeitsmerkmale

Persönlichkeitsmerkmale, die für das VSB als relevant angesehen werden, sind Risikofreudigkeit, Emotionalität, Extraversion und Hedonismus.[132] Hoyer und Ridgway unterstellen ebenso wie Bänsch und Koppelmann, Brodersen und Volkmann, dass risikofreudige Personen eher zu VSB neigen als konservative und sicherheitsorientierte Personen.[133] Ein Wechsel zu einem neuen Dienstleistungsanbieter beinhaltet immer das Risiko der Unzufriedenheit oder einer schlechteren Qualität, sodass risikoaverse Menschen tendenziell aus dieser Gefahr heraus, weniger Wechsel durchführen. Ebenso sollen Extraversion, Kreativität, Liberalismus und die Fähigkeit, mit komplexen und unterschiedlichen Situationen umzugehen, das Auftreten von VSB fördern, während Dogmatismus und eine autoritäre Einstellung es verringern.[134] Den Aussagen liegt die Annahme zugrunde, dass Personen, die im Allgemeinen flexibler und offener für Neues und Unbekanntes sind, auch ein großes Bedürfnis nach Abwechslung haben. Dieses wird sich im allgemeinen Lebensstil und insbesondere auch im Kaufverhalten dieser Menschen ausdrücken.[135] Empirische Untersuchungen lieferten dazu jedoch bisher keine eindeutigen Ergebnisse. Dies scheint insbesondere im großen Aufwand und der Schwierigkeit der Datenerhebung begründet zu sein.[136]

Die Eigenschaften, die im Verdacht stehen das VSB positiv zu beeinflussen, tendieren in die gleiche Richtung und treten somit möglicherweise kumuliert auf. Sie können als Ausdruck eines generell höheren OSL gewertet werden. Die Grundeinstellung dieser Individuen kann sich in Freude am Genuss, an Freiheit und Ungebundenheit und somit auch in stark innovativem und spontanem Kaufverhalten äußern.[137]

3.3.3 Dienstleistungseigenschaften

In der Vergangenheit wurde VSB zunächst nur anhand von Konsumgütern untersucht, wobei sich die Forschung häufig auf Produkte des alltäglichen Bedarfs richtete.[138] Aber auch bei verschiedenen Dienstleistungen ist VSB zu beobachten. Homburg und Faßnacht stellten heraus, dass Variety

---

[132] Vgl. Hoyer / Ridgway (1984), S. 116; Bänsch (1995), S. 348.
[133] Vgl. Hoyer / Ridgway (1984), S. 116; Bänsch (1995), S. 351; Koppelmann / Brodersen u.a. (2001), S. 61.
[134] Vgl. Hoyer / Ridgway (1984), S. 116, auch zitiert in: Bänsch (1995), S. 351.
[135] Vgl. Bänsch (1995), S. 349 f.
[136] Vgl. Handelsman (1984), S. 121.
[137] Vgl. Koppelmann / Brodersen u.a. (2001), S. 60 f.
[138] Vgl. Tscheulin (1994), S. 54 f.; Woratschek / Horbel (2005), S. 47, Woratschek / Horbel (2008), S. 310 f.

Seeking-Motive sowohl bei Sachgüterunternehmen als auch bei Dienstleistungsunternehmen eine hohe Relevanz haben.[139] So tritt die Abwechslungslust beispielsweise bei Restaurantbesuchen, Urlaubsreisen und anderen Freizeitaktivitäten vermehrt auf.[140] Daher ist das VSB in der Tourismusbranche besonders stark ausgeprägt. So ermittelten Woratschek und Horbel bei Umfragen im Jahr 2000, dass nur ca. 37 % der Befragten trotz Zufriedenheit den nächsten Urlaub wieder in der gleichen Urlaubsgegend verbringen möchten.[141]

Die Beobachtung, dass Konsumenten in einigen Bereichen als starke Wechsler auftreten und in anderen Bereichen einer Dienstleistung treu bleiben, lässt darauf schließen, dass das VSB dienstleistungsspezifisch ist.[142] In Kapitel 2.3 wurde dargestellt, dass die meisten Dienstleistungen von Erfahrungs- und Vertrauenseigenschaften dominiert werden. Zu den Dienstleistungen mit vorwiegend Erfahrungseigenschaften gehören Urlaube, Friseurbesuche, Restaurantbesuche und die Inanspruchnahme von Freizeitaktivitäten (z.B. Theater- und Konzertbesuche sowie Besuche von Fitnessstudios, Freizeitparks und Schwimmbädern). Vertrauenseigenschaften dominieren beispielsweise bei Arztbesuchen, Reparaturen von Automobilen, Rechts-, Bank- und Versicherungsberatungen.

Dienstleistungen mit einem großen Anteil an Vertrauenseigenschaften beinhalten ein großes Risiko, da der Kunde selbst nicht oder nur mit großem Aufwand feststellen kann, ob die in Anspruch genommene Dienstleistung tatsächlich von guter Qualität war.[143] Bei einer Bankberatung über eine Geldanlage wird der Kunde erst im Nachhinein beurteilen können, ob der Berater ihm die auf seine Bedürfnisse angepasste Leistung (z.B. eine sichere Vermögensanlage) angeboten hat. Das Gleiche gilt für Behandlungen und Diagnosen bei einem Arzt oder dem Angebot einer Versicherung. Der Patient muss ebenso auf die Richtigkeit der Diagnose und der vom Arzt ausgewählten Behandlung vertrauen wie der Versicherungsnehmer darauf vertrauen muss, dass der Versicherungsgeber im Schadensfall eine schnelle und aufwandsarme Schadensregulierung durchführt. Aufgrund dieses wahrgenommenen Risikos werden Kunden von Dienstleistungen mit hohen Vertrauenseigenschaften wenig

---
[139] Vgl. Homburg / Faßnacht (2001), S. 455.
[140] Vgl. Tscheulin (1994), S. 56; Kahn (1995), S. 139; Ratner / Kahn u.a. (1999), S. 1; Woratschek / Horbel (2008), S. 311.
[141] Vgl. Woratschek / Horbel (2008), S. 311.
[142] Vgl. Herrmann / Seilheimer u.a. (1998), S. 338.
[143] Vgl. Zeithaml (1981), S. 188.

VSB zeigen.[144] Hat man die Bank oder den Arzt seines Vertrauens gefunden, wird man in der Regel nicht mehr wechseln.[145] Dies gilt insbesondere für Wechsel, die alleine aus dem Verlangen nach Veränderung motiviert sind.

Bei Dienstleistungen mit vorwiegend Erfahrungseigenschaften ist das wahrgenommene Risiko dagegen geringer und somit auch die Wahrscheinlichkeit für das Auftreten von VSB wesentlich höher als bei Dienstleistungen, bei denen Vertrauenseigenschaften überwiegen. Unter den Dienstleistungen, die durch Erfahrungseigenschaften geprägt sind, sind diejenigen, die eine intensive Verbindung zu menschlichen Sinnen oder Modeaffinität aufweisen, besonders für VSB geeignet.[146] Modeaffinität kann beispielsweise bei Friseurbesuchen oder Maniküre unterstellt werden. Viele Kunden wählen hier die Frisur oder Nagelgestaltung, die gerade „im Trend liegt" und zeigen daher ein ständiges Bedürfnis nach Abwechslung. Die Verbindung zu menschlichen Sinnen kann sich auf einen oder mehrere Sinne beziehen. Der Bereich der Ernährung, der den Geschmackssinn anspricht (z.B. Kochkurse, Schlemmerreisen, Restaurantbesuche), ist für Abwechslung sehr zugänglich.[147] Ähnliches gilt für Konzertbesuche. Insbesondere bei Pop-Musik tritt ein hohes Abwechslungsbedürfnis auf, wodurch Musikgruppen oft nur kurze Zeit in den Hitlisten der Musikbranche vertreten sind.

Zu den Dienstleistungen, die alle Sinne ansprechen, gehören Freizeitaktivitäten, wie beispielsweise der Besuch eines Freizeitparks oder Urlaubsreisen. Derartige Dienstleistungen weisen oft auch einen hedonistischen Charakter auf. Wird mit der Dienstleistung die Erfüllung eines Genuss- oder Luststrebens erreicht, ist diese verstärkt von VSB betroffen.[148]

Zusammenfassend lässt sich feststellen, dass nicht jede Dienstleistungskategorie in gleicher Weise von VSB betroffen ist.[149] Bei Dienstleistungen mit hohen Erfahrungseigenschaften, die insbesondere ein geringes

---

[144] Vgl. Hoyer / Ridgway (1984), S. 117; Handelsman (1984), S. 121; Bänsch (1995), S. 353; Koppelmann / Brodersen u.a. (2001), S. 61.
[145] Vgl. Zeithaml (1981), S. 188.
[146] Vgl. Bänsch (1995), S. 354; Bänsch (2002), S. 35.
[147] Vgl. Hoyer / Ridgway (1984), S. 117; Bänsch (1995), S. 358.
[148] Vgl. Hoyer / Ridgway (1984), S. 117; van Trijp / Hoyer u.a. (1996), S. 284 und 287; Helmig (1996), S. 13.
[149] Vgl. Hoyer / Ridgway (1984), S. 117; van Trijp / Hoyer u.a. (1996), S. 288; Michaelidou / Dibb u.a. (2005), S. 83.

wahrgenommenes Risiko, eine hohe Sinnesintensität oder Modeaffinität aufweisen, kann VSB besonders häufig beobachtet werden.

3.3.4 Weitere Bestimmungsfaktoren

In der Literatur wurden neben personen- und dienstleistungsbezogenen Eigenschaften weitere Bestimmungsfaktoren für das Entstehen von VSB untersucht. Hierzu gehören die Kaufmenge[150], die Kaufhäufigkeit[151], der Preis[152] sowie ein positiver Gefühlszustand zum Kaufzeitpunkt[153].

So wurde von Hoyer und Ridgway beispielsweise unterstellt, dass Produktklassen mit hoher Kaufhäufigkeit schneller zu Langeweile führen und daher das VSB in diesen Bereichen sehr hoch sein müsse. Diese These konnte aber von anderen Autoren nicht bestätigt werden.[154] Simonson und Winer wiesen höheres VSB bezogen auf Geschmacksrichtungen nach, wenn ein Produkt in großer Menge gekauft wurde. Sie führen als Begründung die Ungewissheit über zukünftige Präferenzen an.[155] Die Überprüfung einer Beeinflussung durch die Bestimmungsfaktoren Menge und Häufigkeit fällt bei Dienstleistungen allerdings schwer, da diese grundsätzlich heterogen sind. Bei den meisten Dienstleistungen führt dies dazu, dass jede Inanspruchnahme sich immer ein wenig von der vorhergehenden unterscheidet.[156] Damit ist die Gefahr für Langeweile in der Regel niedriger als beispielsweise bei homogenen massengefertigten Konsumgütern wie Joghurt, sodass auch häufige Inanspruchnahmen noch keine Garantie für das Auftreten von VSB bieten. In Bezug auf die Menge ist zu beachten, dass aufgrund der Integration des externen Faktors oft verhindert wird, dass zur gleichen Zeit unterschiedliche Dienstleistungen erbracht werden können. Beispiele hierfür sind Massagen, Haarschnitte und Theaterbesuche.

Hinsichtlich des Entstehens von VSB bei Änderungen des Kaufpreises konnte Tscheulin keinen Einfluss feststellen.[157] Helmig untersuchte die Reaktion auf Sonderangebote und ermittelte dabei eine stärkere Reaktion

---

[150] Vgl. Simonson (1990), S. 150 ff.; Simonson / Winer (1992), S. 133 ff.
[151] Vgl. Hoyer / Ridgway (1984), S. 117; Dodd / Pinkleton u.a. (1996), S. 301.
[152] Vgl. Kahn / Louie (1990), S. 279 ff.; Kahn / Raju (1991), S. 316 ff.
[153] Vgl. Kahn / Isen (1993), S. 257 ff.
[154] Vgl. van Trijp / Hoyer u.a. (1996), S. 287; Tang / Chin (2007), S. 21.
[155] Vgl. Simonson / Winer (1992), S. 133.
[156] Vgl. Kaas (2001), S. 108.
[157] Vgl. Tscheulin (1994), S. 60.

von Variety Seekern auf Sonderangebote.[158] Mit Gratisproben wurde jedoch auch bei Non-Variety Seekern die Produkttreue durchbrochen.[159]

Kahn und Isen untersuchten die Tendenz zu Markenwechseln, nachdem sie bei den Testteilnehmern mit Geschenken ein Gefühl des Glücks hervorgerufen hatten. Sie konnten ein verstärktes Auftreten von VSB, insbesondere für den Wechsel zwischen bekannten Alternativen, bei Vorliegen eines positiven Gefühlszustandes der Probanden nachweisen.[160]

3.4 Ergebnisse der Konzeptualisierung

Bei der Untersuchung der Bestimmungsfaktoren ist deutlich geworden, dass der Art der Dienstleistung eine besondere Bedeutung zukommt. Noch deutlicher als bei Produkten ist festzuhalten, dass VSB nicht bei allen Dienstleistungen auftritt, sondern regelmäßig nur bei Dienstleistungen, bei denen Erfahrungseigenschaften überwiegen.

Eine Verknüpfung der Erkenntnisse aus der Lerntheorie und der Untersuchung der Bestimmungsfaktoren lässt den Schluss zu, dass die Kunden aus ihren Erfahrungen gelernt haben, dass mit wechselndem Kaufverhalten bei einigen Dienstleistungen eine höhere Bedürfnisbefriedigung erreicht werden kann. Dies gilt bei Dienstleistungen mit vorwiegend Erfahrungseigenschaften, insbesondere in Verbindung mit weiteren Kriterien wie geringem Risiko und hoher Sinnesintensität. Bei Dienstleistungen, bei denen Vertrauenseigenschaften dominieren, haben sie dagegen gelernt, dass ein anbieter- bzw. markentreues Verhalten einen größeren Nutzen garantiert.

Neben den untersuchten Merkmalen der Dienstleistung beeinflussen die Persönlichkeitsmerkmale eines Individuums das Auftreten von VSB positiv oder negativ. Die Auswirkungen konkreter Persönlichkeitsmerkmale auf das VSB wurden mit Hilfe der OSL-Theorie dargestellt.

In der nachfolgenden Grafik (Abbildung 9, Seite 28) sind diese beiden relevanten Dimensionen unter Berücksichtigung der herausgearbeiteten Kategorien von VSB zusammenfassend dargestellt:

---

[158] Vgl. Tscheulin / Helmig (2007), S. 553.
[159] Vgl. ebenda.
[160] Vgl. Kahn / Isen (1993), S. 266 ff.

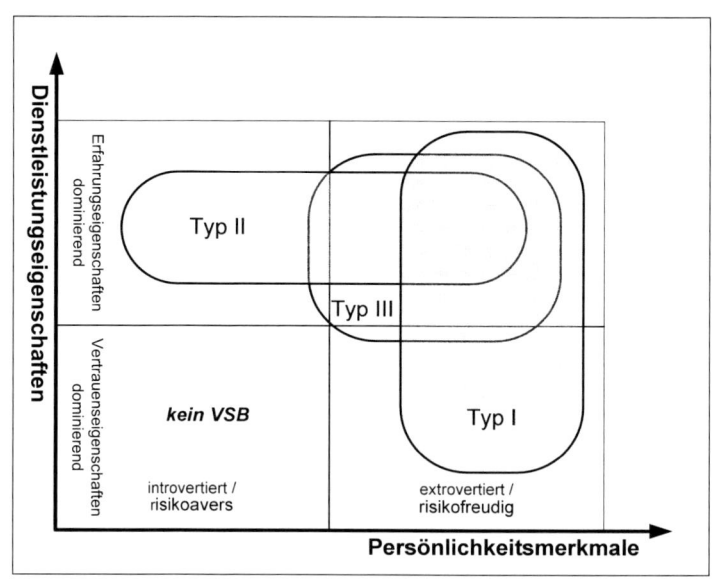

Abbildung 9   Wirkung der Bestimmungsfaktoren auf die Typen des VSB
Quelle: eigene Darstellung

Die demographischen Faktoren scheinen dagegen nicht signifikant zu sein. Sie werden daher im Folgenden ebenso wenig betrachtet wie die Faktoren Preis, Gefühlszustand, Kaufhäufigkeit und -menge, denen ebenfalls in Bezug auf eine Beeinflussung des VSB nur eine untergeordnete Rolle zukommt.

4 Variety Seeking Behaviour im Kontext des Customer-Relationship-Managements

Im folgenden Kapitel ist zu untersuchen, welche Wirkung das Phänomen VSB im Kontext des CRM ausübt. Dazu wurde bereits in Kapitel 2.1 ausgeführt, dass CRM auf eine langfristige Kundenbindung gerichtet ist. Daher ist zu untersuchen, wie diese Kundenbindung erzeugt wird und welche Rolle das VSB in diesem Prozess einnimmt.

In der Literatur wird grundsätzlich ein positiver Zusammenhang zwischen Kundenzufriedenheit und Kundenbindung unterstellt.[161] Homburg, Giering

---

[161] Vgl. Stauss / Neuhaus (1995), S. 2; Homburg / Giering u.a. (1999), S. 177; Herrmann / Johnson (1999), S. 579; Homburg / Faßnacht (2001), S. 453; Homburg / Giering (2001),

und Hentschel geben einen Überblick über die verschiedenen empirischen Untersuchungen sowie die unterstellten funktionalen Verläufe dieses Zusammenhangs.[162] Die Kundenzufriedenheit gilt dabei immer als zentrale Voraussetzung für die Kundenbindung.[163]

Das Konstrukt der Kundenzufriedenheit wird mit Hilfe des Confirmation / Disconfirmation-Paradigmas erklärt.[164] Dabei werden die Erwartungen des Kunden mit den tatsächlichen Erfahrungen verglichen.[165] Bestätigt eine Leistung die Erwartungen des Kunden, ist die Voraussetzung für Zufriedenheit gegeben.[166] Die Zufriedenheit muss sich dann auf mehrere Kauferfahrungen innerhalb einer Geschäftsbeziehung erstrecken, damit Kundenbindung entstehen kann.[167] Sie kommt dabei durch bisheriges Verhalten (Wiederholungskauf, Weiterempfehlung) und zukünftiges Verhalten (Wiederkauf-, Zusatzkauf- und Weiterempfehlungsabsicht) zum Ausdruck (vgl. dazu Abbildung 10, Seite 29).[168]

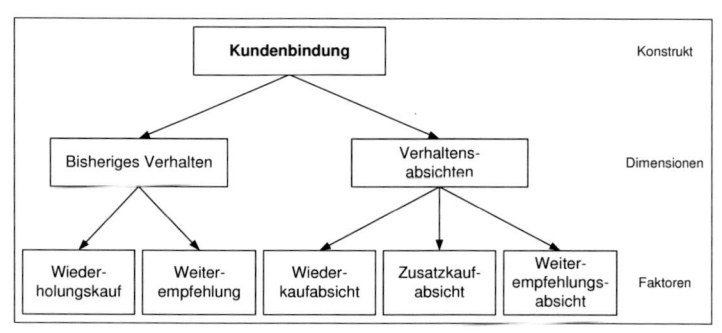

Abbildung 10 Konzeptionalisierung des Konstruktes Kundenbindung
Quelle: eigene Darstellung in Anlehnung an Homburg / Faßnacht u.a. (2001), S. 451

S. 44; Woratschek (2004), S. 75; Hippner / Rentzmann u.a. (2006), S. 213; Homburg / Becker u.a. (2008), S. 119.
[162] Vgl. Homburg / Giering u.a. (1999), S. 181 ff.
[163] Vgl. ebenda, S. 175 und 185; Gierl / Helm u.a. (2002), S. 215.
[164] Vgl. Homburg / Giering u.a. (1999), S. 175, Herrmann / Johnson (1999), S. 582; Homburg / Faßnacht (2001), S. 447; Homburg / Becker u.a. (2008), S. 106.
[165] Vgl. Homburg / Giering u.a. (1999), S. 175, Herrmann / Johnson (1999), S. 582; Homburg / Faßnacht (2001), S. 447; Homburg / Becker u.a. (2008), S. 106.
[166] Vgl. Homburg / Giering u.a. (1999), S. 175; Homburg / Faßnacht (2001), S. 447; Homburg / Becker u.a. (2008), S. 106.
[167] Vgl. Homburg / Giering u.a. (1999), S. 176 f.; Herrmann / Johnson (1999), S. 582 f.; Homburg / Giering (2001), S. 45.
[168] Vgl. Diller (1996), S. 84; Homburg / Giering u.a. (1999), S. 178; Homburg / Faßnacht (2001), S. 451; Homburg / Becker u.a. (2008), S. 111.

Gerade diese letztgenannten Verhaltensabsichten zeigen auch eine positive Einstellung gegenüber dem Anbieter, die anders als lange Zeit in der Literatur unterstellt, ebenfalls ein Merkmal der Kundenbindung ist.[169]

Es ist jedoch keineswegs so, dass Kundenzufriedenheit immer zu Kundenbindung führt,[170] denn auch zufriedene Kunden befassen sich mit Abwanderungsgedanken.[171] Wie bereits in Kapitel 1.1 angeführt, treten auch bei zufriedenen Kunden Wechsel des Anbieters, der Marke oder Vergleichbarem auf. Dabei wird die Stärke des Effektes von Kundenzufriedenheit auf Kundenbindung durch so genannte moderierende Variablen beeinflusst.[172] Zu diesen moderierenden Variablen gehören neben Merkmalen der Geschäftsbeziehung (z.B. Kooperative Zusammenarbeit), des Anbieters (z.B. Reputation), des Produktes (z.B. Komplexität), des Marktumfeldes (z.B. Verfügbarkeit der Alternativen) auch Merkmale des Kunden.[173] Der Zusammenhang von Kundenzufriedenheit und Kundenbindung sowie der Einfluss von moderierenden Variablen wird in der nachfolgenden Grafik (Abbildung 11, Seite 30) veranschaulicht.

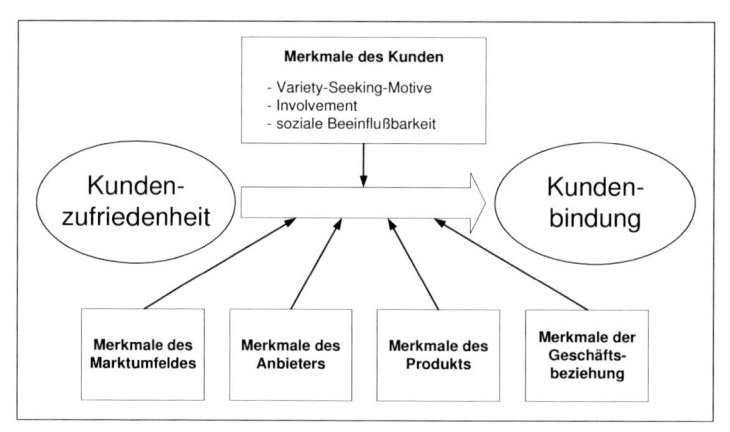

Abbildung 11 Moderierende Variablen zwischen Kundenzufriedenheit und Kundenbindung
Quelle: eigene Darstellung in Anlehnung an Homburg / Giering u.a. (1999), Seite 186 und Homburg / Becker u.a. (2008), S. 122

---

[169] Vgl. Homburg / Giering u.a. (1999), S. 178; Homburg / Becker u.a. (2008), S. 110.
[170] Vgl. Mittal / Lassar (1998), S. 183; Woratschek (2004), S. 75; Homburg / Becker u.a. (2008), S. 119.
[171] Vgl. Bruhn / Michalski (2008), S. 279.
[172] Vgl. Homburg / Giering u.a. (1999), S. 185; Homburg / Faßnacht (2001), S. 443; Homburg / Giering (2001), S. 48; Woratschek / Horbel (2005), S. 46; Gröppel-Klein / Königstorfer u.a. (2008), S. 46; Homburg / Becker u.a. (2008), S. 122.
[173] Vgl. Homburg / Becker u.a. (2008), S. 122.

Die Variety Seeking-Motive gehören zu den Merkmalen des Kunden.[174] Sie können dazu führen, dass Kunden trotz Zufriedenheit ihr Kaufverhalten (Wiederholungskauf bzw. Wiederkaufabsicht) ändern.[175] VSB wirkt dabei einer Erhöhung der Beziehungsintensität und damit einer gesteigerten Kundenbindung entgegen.[176] Das Bedürfnis nach Kontinuität ist als Gegenpol zum Bedürfnis nach Abwechslung anzusehen.[177] Diese beiden Bedürfnisse wirken gemeinsam auf das Konstrukt der Kundenbindung, wobei das Bedürfnis nach Abwechslung einen negativen Einfluss und das Bedürfnis nach Kontinuität einen positiven Effekt auf die Kundenbindung hat.[178] Aufgrund des VSB kann niemals eine 100%ige Kundenbindung erreicht werden.[179]

Aus der Erkenntnis, dass VSB einen negativen Einfluss auf die Kundenbindung hat, darf nicht geschlossen werden, dass es sich nicht lohnen würde, bei Dienstleistungen, bei denen besonders häufig VSB auftritt, die Zufriedenheit der Kunden anzustreben.[180] Der Zusammenhang von VSB, Kundenzufriedenheit und Kundenbindung beinhaltet für den Dienstleistungsanbieter nicht nur das Risiko, Kunden an Konkurrenten zu verlieren, sondern er bietet zugleich auch Chancen.[181]

Kunden, die zwar trotz Zufriedenheit nach einer Transaktion abwandern, können positive Mund-zu-Mund-Propaganda betreiben.[182] Durch eine Veränderung von Trends, Lebensstilen und Wertvorstellungen kann eine bestehende innere Bindung aber auch später wieder zu einer Rückkehr führen.[183] Bei Urlaubsreisen ist es beispielsweise so, dass die Weiterempfehlung von Freunden, Bekannten und Verwandten das häufigste Kommunikationsmittel zur Urlaubsentscheidung darstellt.[184] Aufgrund des VSB sucht ein zufriedener Kunde zwar beim nächsten Urlaub nicht den gleichen Ort auf, aber er empfiehlt ihn an andere.[185] Dieser Prozess wird

---

[174] Vgl. Homburg / Giering u.a. (1999), S. 186; Homburg / Becker u.a. (2008), S. 122.
[175] Vgl. Diller (1996), S. 84; Homburg / Giering u.a. (1999), S. 187; Homburg / Faßnacht (2001), S. 455; Woratschek / Horbel (2005), S. 46; Meffert / Bruhn (2009), S. 103.
[176] Vgl. Hippner / Rentzmann u.a. (2006), S. 201; Meffert / Bruhn (2009), S. 54.
[177] Vgl. Hippner / Rentzmann u.a. (2006), S. 201.
[178] Vgl. ebenda; Herrmann / Johnson (1999), S. 587 f.; Homburg / Giering (2001), S. 57; Woratschek / Horbel (2005), S. 47.
[179] Vgl. Woratschek (2004), S. 75; Woratschek / Horbel (2008), S. 312.
[180] Vgl. Woratschek (2004), S. 75; Gröppel-Klein / Königstorfer u.a. (2008), S. 64; Woratschek / Horbel (2008), S. 311.
[181] Vgl. Bänsch (1995), S. 355.
[182] Vgl. Gröppel-Klein / Königstorfer u.a. (2008), S. 64; Woratschek (2004), S. 76; Woratschek / Horbel (2005), S. 47.
[183] Vgl. Gröppel-Klein / Königstorfer u.a. (2008), S. 64; Woratschek (2004), S. 76.
[184] Vgl. Woratschek (2004), S. 76; Woratschek / Horbel (2008), S. 311.
[185] Vgl. Woratschek (2004), S. 76.

durch die für Variety Seeker in Kapitel 3.3.2 herausgearbeiteten Persönlichkeitsmerkmale unterstützt. Hiernach sind diese Personen durch ihre offene und kommunikative Art gekennzeichnet und treten mit vielen Menschen in Kontakt.[186] Da sie zudem durch ihr Abwechslungsbedürfnis viele verschiedene Urlaubsorte kennen gelernt haben, gelten sie aufgrund ihrer Erfahrungen oftmals als Experten.[187] Dies wirkt sich grundsätzlich positiv auf das Weiterempfehlungsverhalten aus.[188]

Sofern trotz des Abwechslungsbedürfnisses eine Bindung an das eigene Unternehmen erreicht wurde, kann das VSB den Unternehmenserfolg verstärken. Dies gilt insbesondere für Dienstleistungen, die trend- und modeabhängig sind.[189] Hier können häufige Schwankungen in den Kundenbedürfnissen zu einer höheren Inanspruchnahme von Dienstleistungen führen und damit Bedarfssteigerungseffekte hervorrufen.[190] Beispielsweise profitiert das Friseurgewerbe von wechselnden Haartrends, die durch Vorbilder in der Musik- und Filmbranche, durch Modenschauen oder ähnliches geprägt werden, und steigert somit durch die Befriedigung des Abwechslungsbedürfnisses seinen Umsatz.

Insgesamt bietet sich für etablierte Anbieter die Chance neue Kunden und damit weitere Marktanteile für sich zu gewinnen.[191] Für neue Anbieter bietet das Bedürfnis nach Abwechslung die Chance den Marktzugang zu eröffnen.[192] Hierzu sind aktiv Maßnahmen durch den Anbieter zu ergreifen.

5 Handlungsempfehlungen für den Dienstleistungsanbieter

Diese Maßnahmen stehen im Mittelpunkt des folgenden Kapitels. Auf Basis der bereits gewonnenen Erkenntnisse werden dazu praktische Handlungsempfehlungen abgeleitet.

Die Analyse der Bestimmungsfaktoren in Kapitel 3.3 ergab, dass VSB bei bestimmten Dienstleistungen gehäuft auftritt, während andere Dienstleistungen kaum VSB aufweisen. Ein Dienstleistungsanbieter muss zunächst analysieren, in welche Kategorie seine Dienstleistung fällt.[193]

---

[186] Vgl. Woratschek / Horbel (2005), S. 51 ff.
[187] Vgl. ebenda.
[188] Vgl. Richins / Root-Shaffer (1988), S. 32 f.
[189] Vgl. Bänsch (1995), S. 355.
[190] Vgl. ebenda.
[191] Vgl. ebenda, S. 357.
[192] Vgl. ebenda.
[193] Vgl. van Trijp / Steenkamp (1992), S. 185; Gierl / Helm u.a. (1999), S. 225.

Weißt eine Dienstleistung hohe Erfahrungseigenschaften auf und liegen weitere Eigenschaften, wie ein geringes wahrgenommenes Risiko, eine hohe Sinnesintensivität oder Modeaffinität vor, dann ist es für den Dienstleistungsanbieter von entscheidender Bedeutung, dass er das Bedürfnis nach Abwechslung bei seinen Marketingstrategien berücksichtigt.

Allgemein unterscheidet man im Marketing die vier Instrumente Leistungs-, Kommunikations-, Preis- und Distributionspolitik.[194] Ziel muss es daher sein, den Kunden mit Hilfe dieser vier Marketinginstrumente zu stimulieren bzw. das Bedürfnis nach Abwechslung zu beeinflussen.[195]

Im Umgang mit diesem Phänomen bieten sich grundsätzlich zwei verschiedene Vorgehensweisen an. Zum einen die aktive Kundenpflege, um vorhandene Kunden an das Unternehmen zu binden (defensive Strategie) und zum anderen die Akquirierung neuer Kunden, die von der Konkurrenz abgeworben werden sollen (offensive Strategie).[196] Dabei gilt grundsätzlich, dass es schwieriger ist, einen Variety Seeker von einem Wechsel zu einem anderen Anbieter abzuhalten als ihn zu einem Wechsel von einem anderen Anbieter zum eigenen Unternehmen zu bewegen.[197] Entscheidend ist, dass der Anbieter nicht versucht, jeden abwanderungswilligen Kunden zu halten, sondern immer auch die Individualität des Kunden berücksichtigt.[198] Die Rückgewinnung von einmal verlorenen Variety Seeker erweist sich als besonders schwierig und ist daher nicht zu empfehlen.[199]

Im Rahmen des Marketings kommt der Leistungspolitik die größte Bedeutung zu.[200] Dies gilt auch, wenn man die Marketingformen bezogen auf das VSB untersucht. Für Handlungsempfehlungen im Umgang mit VSB spielt auch die Kommunikationspolitik eine entscheidende Rolle, während die Preis- und die Distributionspolitik eher von nachrangiger Bedeutung sind. Daher werden im Folgenden zunächst die bedeutsameren Instrumente analysiert.

---

[194] Vgl. Nieschlag / Dichtl u.a. (2002), S. 20; Trommsdorff (2004), S. 23; Meffert / Bruhn (2009), S. 243.
[195] Vgl. Homburg / Faßnacht (2001), S. 457; Bruhn / Michalski (2008), S. 284.
[196] Vgl. Koppelmann / Brodersen u.a. (2002), S. 44.
[197] Vgl. Givon (1984), S. 14; ter Haseborg / Mäßen (1997), S. 184.
[198] Vgl. Gröppel-Klein / Königstorfer u.a. (2008) S. 64.
[199] Vgl. Homburg / Hoyer u.a. (2007), S. 470.
[200] Vgl. Koppelmann / Brodersen u.a. (2002), S. 44; Meffert / Burmann u.a. (2008), S. 397.

5.1 Leistungspolitik

Die Leistungspolitik muss die Erkenntnisse aus der Konsumentenforschung insbesondere für die Marktsegmentierung, für die Gestaltung unterschiedlicher Produktvarianten und für die Produktpositionierung nutzen.[201]

5.1.1 Marktsegmentierung

Zunächst wird das Mittel der Marktsegmentierung betrachtet. Darauf aufbauend kann die Identifikation neuer Markt- und Produktchancen, die Produktdifferenzierung und -positionierung, die Verbesserung von Werbekonzepten und die Unterstützung der Werbestreuplanung für die verschiedenen Kundengruppen erfolgen.[202] Sobald die Nachfrager nicht mehr als homogene Einheit betrachtet werden, können die Kundengruppen marketingpolitisch untersucht und eine zielgruppenadäquate Entwicklung von Dienstleistungen und Kommunikation mit den Kunden verfolgt werden.[203]

Ausgangspunkt einer Marktsegmentierung ist im Allgemeinen die Abgrenzung relevanter Märkte und Festlegung von Geschäftsfeldern.[204] Zunächst wird der Markt in Käufergruppen (Marktsegmente) zerlegt, die ähnlich auf marketingpolitische Instrumente reagieren, danach erfolgt eine Bewertung und Auswahl der attraktivsten Käufergruppen, um dann die Marktsegmentierungsstrategie festzulegen und den segmentspezifischen Marketing-Mix auszugestalten.[205] Die Marktsegmentierung kann nach sozioökonomischen Merkmalen (z.B. Alter, Geschlecht), psychografischen Kriterien (z.B. Wagfreudigkeit, Bindungsbereitschaft, Motive, Präferenzen) oder nach Kriterien des beobachtbaren Kaufverhaltens (z.B. Preisverhalten, Kaufvolumen) erfolgen.[206] In Kapitel 3.3 wurden die Bestimmungsfaktoren für das Auftreten von VSB untersucht. Dabei wurde herausgearbeitet, dass demografische Faktoren keine eindeutige Aussagekraft haben. Diese würden zwar eine leichte Segmentierung ermöglichen, da diese Faktoren leicht ermittelbar sind[207], aber aufgrund der unterschiedlichen Ergebnisse in empirischen Untersuchungen, scheiden diese für die

---

[201] Vgl. Trommsdorff (2004), S. 23.
[202] Vgl. Balderjahn / Scholderer (2007), S. 115.
[203] Vgl. Herrmann / Gutsche (1994), S. 77; Herrmann / Seilheimer u.a. (1998), S. 348; Herrmann / Johnson (1999), S. 595.
[204] Vgl. Balderjahn / Scholderer (2007), S. 115.
[205] Vgl. ebenda, S. 115 ff.
[206] Vgl. Freter (2001a), S. 1075; Freter (2001b), S. 287; Nieschlag / Dichtl u.a. (2002), S. 209; Balderjahn / Scholderer (2007), S. 117.
[207] Vgl. Nieschlag / Dichtl u.a. (2002), S. 209.

zweckmäßige Segmentierung aus. Im vorliegenden Fall ist die Segmentierung daher nach psychografischen Kriterien auszurichten, wobei es empfehlenswert ist, das Bindungspotential des Kunden als Abgrenzungskriterium zu nutzen.[208] Die erfolgreiche Segmentierung der Kunden nach ihrem VSB stellt eine profitvolle Managementstrategie dar.[209]

Risikoaverse Personen haben grundsätzlich das größte Potential für eine langfristige Kundenbeziehung und damit auch den höchsten Kundenwert.[210] Daher erscheint eine Konzentration der Marketingaktivitäten auf diese Kundengruppe zunächst sinnvoll. Es sollte aber auch berücksichtigt werden, dass es sich durchaus auch lohnen kann, die Variety Seeker nicht außer Acht zu lassen.[211]

Die Identifizierung der Kundensegmente nach ihrer Wechselneigung und damit ihrem Bindungspotential ist jedoch nicht einfach, da sich das optimale Stimulationsniveau durch viele Verhaltensweisen zum Ausdruck kommt.[212] Eine Differenzierung nach psychografischen Kriterien ist immer schwierig und mit hohen Kosten verbunden, da die Messung dieser Faktoren schwierig ist und deshalb umfangreiche Kundenbefragungen und anschließende Auswertungen dieser Kundendaten erforderlich sind.[213]

Zur Ermittlung der Wechselneigung und des Bindungspotentials einer Person wurden verschiedene Skalen zur Operationalisierung des OSL entwickelt.[214] Hierzu gehören beispielsweise die Arousal Seeking Tendency Skala, der Chance Seeker Index und die Sensation Seeking Skala.[215] Jede Skala versucht den OSL anhand bestimmter Items zu ermitteln. Die folgende Tabelle 3 (Seite 36) beinhaltet ein Beispiel mit Items zur Bestimmung des jeweiligen OSL.

1.	Wenn ich eine Dienstleistung in Anspruch nehme, fühle ich mich im Nachhinein unsicher darüber (z.B. über einen Arztbesuch).
2.	Wenn ich zwischen verschiedenen Marken wählen kann, bin ich unsicher, welche ich auswählen soll.
3.	Wenn ich mich für eine Marke entschieden habe, hasse ich es diese zu wechseln.

---

[208] Vgl. Bruhn (2006), S. 45.
[209] Vgl. Givon (1984), S. 14; Kahn / Raju (1991), S. 335.
[210] Vgl. Burmeister / Schade (2005), S. 23.
[211] Vgl. Gröppel-Klein / Königstorfer u.a. (2008), S. 64; Woratschek / Horbel (2008), S. 314.
[212] Vgl. Gierl / Helm u.a. (1999), S. 225.
[213] Vgl. ebenda, S. 232; Diller (1996), S. 85; Freter (2001b), S. 296.
[214] Vgl. Grande (2000), S. 21.
[215] Vgl. Steenkamp / Baumgartner (1992), S. 436.

4.	Wenn ich mich für eine Marke entschieden habe, vergesse ich die anderen Marken.
5.	Wenn ich eine Marke schätze, wechsle ich selten nur um mal etwas anderes auszuprobieren.
6.	Auch wenn ein Produkt in verschiedenen Marken erhältlich ist, tendiere ich dazu, immer die gleiche Marke zu kaufen.
7.	Ich liebe es, neue und unterschiedliche Dinge auszuprobieren.
8.	In meiner Freizeit möchte ich etwas erleben.

Tabelle 3   Beispiele für Items zur Bestimmung des OSL
Quelle: eigene Darstellung in Anlehnung an Grande, 2000, S. 15 f.

Anhand dieser Daten bildet man Kundensegmente beispielsweise mit dem Verfahren der Clusteranalyse.[216] Eine Einteilung in Variety Seeker und Non-Variety Seeker ist dabei eine sinnvolle Unterteilung der Kunden in zwei prägnante Kundengruppen.

5.1.2 Individualisierung

Um Kunden mit hohem Abwechslungsbedürfnis und hoher Wechselneigung gerecht zu werden, bietet sich insbesondere eine Ausweitung des Serviceangebotes durch eine Veränderung bestehender Dienstleistungen an.[217] Ziel dieser Strategie ist es, dem Kunden möglichst eine große Reizvielfalt zu bieten und somit sein Bedürfnis nach Abwechslung mit dem eigenen Angebot zu befriedigen, um Abwanderungen zu anderen Anbietern zu verhindern.[218] Dabei gilt es die Unterschiedlichkeit gegenüber anderen Anbietern zu betonen und hervorzuheben.[219] Da die Kunden wie in Kapitel 3.2.2 beschrieben, nach anderen Stimuli suchen, wenn sie von einem Stimulus gesättigt sind, muss der Anbieter versuchen, dem Kunden ausreichend neue Stimuli zu bieten. Das Dienstleistungsmerkmal der Intangibilität bietet hier einen besonderen Ansatz das Abwechslungsbedürfnis zu befriedigen, da man auf diese Weise leicht geringfügig veränderte Dienstleistungen anbieten kann.[220] Aufgrund der Intangibilität kann eine Dienstleistung nicht komplett standardisiert sein.[221] Dieser

---

[216] Vgl. Herrmann / Gutsche (1994), S. 69; Herrmann / Seilheimer u.a. (1998), S. 342.
[217] Vgl. Diller (1996), S. 92; ter Haseborg / Mäßen (1997), S. 184; Koppelmann / Brodersen u.a. (2002), S. 44; Tang / Chin (2007), S. 23.
[218] Vgl. Gierl / Helm u.a. (1999), S. 232; Koppelmann / Brodersen u.a. (2002), S. 44 f.; Tang / Chin (2007), S. 23.
[219] Vgl. Kemperman / Borgers u.a. (1999), S. 17.
[220] Vgl. de Brentani (1991), S. 36; Homburg / Faßnacht (2001), S. 450.
[221] Vgl. Mittal / Lassar (1998), S. 178.

Umstand bedeutet zwar in der Regel, dass höhere Kosten entstehen[222], bietet aber die Möglichkeit, mit der Strategie der Individualisierung das Bedürfnis nach Abwechslung zu befriedigen. Dies erreicht man zum Beispiel im Rahmen von Urlaubsreisen durch das Angebot von individuellen Tagesausflügen am Urlaubsort.

Da eine hohe Individualisierung auch hohe Kosten verursacht, wird von Kahn die Strategie der Mass Customization vorgeschlagen.[223] Darunter versteht man eine kundengerechte Anpassung von teilstandardisierten Leistungen. Die Eigenschaften, die für den Kunden nicht von großer Bedeutung sind, werden standardisiert und die kritischen Faktoren werden an die individuellen Kundenwünsche angepasst.[224] Auf diese Weise führen economics of scale und economics of scope zu einer Kostensenkung, während zugleich die Kundenbedürfnisse erfüllt werden.[225] Dies kann in Bezug auf das oben angeführte Beispiel durch die Bildung von Ausflugspaketen erreicht werden, mit der eine größere Kundengruppe angesprochen wird.

5.1.3 Sortimentsausweitung

Eine weitere Strategie, um das Abwechslungsbedürfnis zu befriedigen, ist die Sortimentsausweitung. Mit neuen alternativen Dienstleistungen muss der Anbieter Vielfalt bieten, um das Interesse der Kunden zu wecken.[226] Dies kann sich sowohl in komplementären als auch in substitutiven Varianten ausdrücken.[227] Ein Reiseveranstalter kann beispielsweise möglichst viele unterschiedliche Urlaubsregionen und unterschiedliche Arten von Reisen (z.B. Trekkingurlaube, Clubreisen, Kreuzfahrten) in sein Sortiment aufnehmen.[228] Innerhalb einer Kategorie muss ebenfalls ausreichende Abwechslung geboten werden. So sollte bei Kreuzfahrten das Angebot verschiedene Schiffe und unterschiedliche Zielgebiete umfassen.[229]

---

[222] Vgl. Kaas (2001), S. 111.
[223] Vgl. Kahn (1998), S. 46.
[224] Vgl. ebenda, S. 46 f.
[225] Vgl. Nieschlag / Dichtl u.a. (2002), S. 716.
[226] Vgl. Pessemier / Handelsman (1984), S. 442; Koppelmann / Brodersen u.a. (2002), S. 44.
[227] Vgl. Bänsch (1995), S. 356; Koppelmann / Brodersen u.a. (2002), S. 44.
[228] Vgl. Woratschek / Horbel (2008), S. 311.
[229] Vgl. Tscheulin (1994), S. 59.

5.1.4 Markierung

Um dem Kunde die Möglichkeit zu eröffnen, innerhalb ihm bekannter und vertrauter Alternativen zu wechseln, ist die Markierung des Leistungsangebotes sinnvoll.[230] Diese kann ihm als Indikator für eine gute Gesamtqualität dienen.[231] Das Bedürfnis nach Abwechslung wird dann ohne Anbieterwechsel befriedigt.[232] Beispiele für derartige Markenfamilien im Dienstleistungsbereich sind die Firma Mövenpick (Restaurants, Systemgastronomie, Hotels) und die Lufthansa (Fluggastbeförderung, Logistik, Technik, Catering, Touristik und IT-Services).[233] Ebenso trifft dies auf Hotelketten (z.B. RIU-Hotels) zu, die ihre Leistungen an den unterschiedlichsten Orten der Welt anbieten. Die Dienstleistungsmarke bietet zugleich einen Schutz vor Abwanderung aufgrund der empfundenen Sicherheit als auch ein eindeutiges Differenzierungskriterium gegenüber anderen Anbietern.[234]

Der Non-Variety Seeker wird das reduzierte Kaufrisiko schätzen und der Variety Seeker wird die Abwechslungsmöglichkeiten ausschöpfen, so dass für beide Kundengruppen die Gefahr der Abwanderung an einen anderen Anbieter reduziert wird. Auf diese Weise können auch neue Variety Seeker als Kunden gewonnen und Partizipationseffekte realisiert werden.[235]

5.1.5 Kooperationen

Neben der Ausweitung des eigenen Angebots ist auch die Kooperation im Wettbewerb eine Erfolg versprechende Handlungsalternative.[236] Am Beispiel des Tourismus zeigt sich, dass die Kooperation zwischen Hotels, Kurverwaltungen, Tourismusbüros, Taxi-Unternehmen, Gastronomiebetrieben, Sportanbietern (z.B. Surf- und Tauchschulen, Fitnessstudios) ein Schlüssel zum Erfolg darstellt.[237] Ebenso erfolgreich ist die Kooperation zwischen verschiedenen Urlaubsorten, die sich zu einem Verbund zusammenschließen (z.B. in Skigebieten).[238] Durch die Kooperation können die Unternehmen nicht nur ein großes Angebot an Dienstleistungen bieten, sie können auch eine besonders hohe Zufriedenheit bei den Kunden erreichen, die wiederum ein Garant für Weiterempfehlungen und erneute Besuche darstellt.

---

[230] Vgl. Koppelmann / Brodersen u.a. (2002), S. 45.
[231] Vgl. Stauss (2001), S. 556.
[232] Vgl. Tscheulin (1994), S. 60.
[233] Vgl. Stauss (2001), S. 559.
[234] Vgl. ebenda, S. 556 f.
[235] Vgl. Bänsch (1995), S. 356; Koppelmann / Brodersen u.a. (2002), S. 45.
[236] Vgl. Gröppel-Klein / Königstorfer u.a. (2008), S. 63.
[237] Vgl. Woratschek / Horbel (2008), S. 302.
[238] Vgl. ebenda, S. 313.

5.1.6 Innovationen

Neben einem breiten Sortiment ist auch in der Einführung neuer Dienstleistungen eine Strategie im Umgang mit VSB zu sehen.[239] Hierdurch soll insbesondere das novelty-seeking befriedigt werden. Variety Seeker sind also gerade für Dienstleistungsinnovationen und für Markteinsteiger eine besonders interessante Kundengruppe.[240] Die Besetzung einer strategischen Nische eröffnet einem Markteinsteiger die Chance viele Variety Seeker für sich zu gewinnen.[241] Bietet der Anbieter mit seinem Leistungsangebot einen Reizwechsel gegenüber vorherigen Angeboten, ist dies ein Kaufargument für Variety Seeker.[242] Während Marktführer der Gefahr, Kunden an andere Anbieter zu verlieren, mit wechselndem Angebot entgegentreten müssen, ist das VSB für Markteinsteiger die Chance Kunden für sich und ihre Innovationen zu gewinnen.[243] Innovationen lassen sich besonders gut mit Wirkungen auf die menschlichen Sinne verbinden.[244] So lernt man beispielsweise in den Restaurants der Köche „Die jungen Wilden" (z.B. die Restaurants „Essneun" und „Schweiger^2-Showroom" in München) unerwartete und innovative Kompositionen kennen, die ganz neue Geschmackserlebnisse eröffnen. Der große Erfolg dieser Gastronomie ist nicht zuletzt dem novelty-seeking der Kunden zu verdanken. Ebenso erfolgreich ist die Verbindung von Massagen mit Düften zur Aromamassage, die dem Kunden eine besondere Art der Entspannung verspricht.

Ziel des Anbieters muss es also sein, immer innovativer und origineller als die anderen Anbieter zu sein. Ein Beispiel für einen herausgehobenen Services ist das Angebot der Fluggesellschaft Virgin Atlantic Airways, einen Maßanzug in der Zeit eines Langstreckenfluges anfertigen zu lassen, der am Zielflughafen in Empfang genommen werden kann.[245] Auf diese Weise wird der Kunde durch ein „gewisses Extra" begeistert.[246]

---

[239] Vgl. Homburg / Hoyer u.a. (2007), S. 465.
[240] Vgl. Givon (1984), S. 14; Bänsch (1995), S. 357; Koppelmann / Brodersen u.a. (2002), S. 45.
[241] Vgl. Meffert (2000), S. 853.
[242] Vgl. Bänsch (2002), S. 35.
[243] Vgl. Feinberg / Kahn u.a. (1992), S. 235; Roehm jr. / Roehm (2004), S. 214; Burmeister / Schade (2005), S. 23; Tang / Chin (2007), S. 23.
[244] Vgl. Bänsch (1995), S. 357 f.
[245] Vgl. Meyer / Blümelhuber (2001), S. 388.
[246] Vgl. Gröppel-Klein / Königstorfer u.a. (2008) S. 63.

5.1.7 Saisonale Anpassung des Angebotes

Die Aktivierung von Sinneseindrücken lässt sich auch mit dem Angebot von saisonalen Angeboten verbinden.[247] Vergleichbar zu dem saisonalen Angebot von Süßwaren im Produktbereich (z.B. MonCherie von Ferrero[248]) können auch im Dienstleistungsbereich kulinarische Angebote saisonal geschränkt werden (z.B. bayrische Küche zur Oktoberfestzeit). Im Freizeitbereich ist es auch für Unterhaltungs- und Vergnügungsparks empfehlenswert, ihr Angebot an saisonale Gegebenheiten anzupassen.[249] Die Anpassung des Angebotes von Zeit zu Zeit ist gerade im Unterhaltungsbereich (z.B. Theater, Kino) sehr wichtig. Da die meisten Menschen nach wechselnden Unterhaltungsangeboten suchen und nicht jedes Wochenende das gleiche Theaterstück sehen möchten, müssen derartige Anbieter durch ein wechselndes Bühnenprogramm eine ausreichende Abwechslung sicherstellen.

5.1.8 Wechselbarrieren

Einen Variety Seeker von einem Wechsel abzuhalten, ist, wie bereits oben beschrieben, besonders schwierig. Eine Möglichkeit ihn dennoch von einem Wechsel abzuhalten, ist der Aufbau von Wechselbarrieren, z.B. langfristige Mobilfunkverträge.[250] Diese Art der Bindung wird als Gebundenheit bezeichnet, da sie keine freiwillige Kundenbindung darstellt.[251] Diese erzwungene Bindung ist immer schlechter als eine freiwillige Bindung, da sie aufgrund der nicht vorhandenen Treue gegenüber dem Anbieter keine langfristig stabile Geschäftsbeziehung verspricht.[252] Eine freiwillige Bindung von Variety Seekern lässt sich dadurch erreichen, dass eine Marke eine einzigartige Eigenschaftsdimension beinhaltet.[253] Diese kann sich beispielsweise auf eine besonders ökologische und umweltbewusste Herstellungsweise beziehen.[254] So kann ein Friseur, der nur Naturprodukte für die Haarfärbung nutzt, auf diese Weise auch zu Abwechslung neigende Kunden an sich binden, weil er der einzige Anbieter dieser Nische in der Stadt ist.

---

[247] Vgl. Bänsch (1995), S. 360.
[248] Vgl. ebenda.
[249] Vgl. Kemperman / Borgers u.a. (1999), S. 17.
[250] Vgl. Meyer / Blümelhuber (2001), S. 393.
[251] Vgl. Gröppel-Klein / Königstorfer u.a. (2008) S. 45 und 48.
[252] Vgl. Diller (1996), S. 88 f.
[253] Vgl. Meffert (2000), S. 853.
[254] Vgl. ebenda.

Eine weitere freiwillige Bindung von Variety Seekern entsteht möglicherweise, wenn der Anbieter dem Kunden einen psychologischen Zusatznutzen bietet.[255] Dieser kann in der Vermittlung eines besonderen Prestiges, eines besonderen Lebensstils oder in einer außergewöhnlichen Erlebensdimension bestehen.[256] Bei Dienstleistungen setzt der psychologische Zusatznutzen auch bei der Anbieter-Kunden-Interaktion z.B. durch freundliches Verkaufspersonal oder eine angenehme Serviceumgebung an.[257] Der Anbieter muss den direkten Kontakt zum Kunden nutzen, um auf dessen Bedürfnisse einzugehen und seine speziellen Wünsche zu erfüllen.[258] Wenn der Anbieter den Kunden im Lernprozess seiner Präferenzen unterstützt und als Partner auftritt[259], wird der Kunde die individuelle Betreuung und die persönliche und vertraute Beziehung zu dem Verkaufspersonal schätzen und es tritt eine freiwillige Wechselbarriere ein.[260]

5.2 Kommunikationspolitik

Mit der Kommunikationspolitik wird das Ziel verfolgt, eine immaterielle Dienstleistung durch Visualisierungen oder andere Verdeutlichungen für den Kunden sichtbar zu machen.[261] Mit Hilfe der Instrumente der Kommunikationspolitik sind die unterschiedlichen Kundengruppen gezielt anzusprechen.[262] Zu den Kommunikationsinstrumenten gehören beispielsweise klassische Werbung, Messen, Verkaufsförderung, Event-Marketing und Sponsoring.[263] Dabei können diese Instrumente ebenso wie die im vorhergehenden Kapitel beschriebene Dienstleistungsgestaltung entweder auf die Betonung von für das VSB relevanten Dienstleistungseigenschaften zur Gewinnung neuer Kunden oder auf die Strategie der Kundenbindung gerichtet sein.[264]

---

[255] Vgl. Meffert (2000), S. 854.
[256] Vgl. ebenda, S. 854 f.
[257] Vgl. Gröppel-Klein / Königstorfer u.a. (2008) S. 65.
[258] Vgl. de Brentani (1991), S. 37.
[259] Vgl. Kahn (1998), S. 46; Gröppel-Klein / Königstorfer u.a. (2008) S. 64.
[260] Vgl. Hilke (1989), S. 17.
[261] Vgl. Meffert / Bruhn (2009), S. 283.
[262] Vgl. ebenda, S. 287.
[263] Vgl. Nieschlag / Dichtl u.a. (2002), S. 988 ff.; Meffert / Burmann u.a. (2008), S. 648 ff.; Meffert / Bruhn (2009), S. 292 ff.
[264] Vgl. Pessemier / Handelsman (1984), S. 442; Feinberg / Kahn u.a. (1992), S. 235; Koppelmann / Brodersen (2002), S. 46.

5.2.1 Klassische Werbung

Im Folgenden werden zunächst für das Instrument der klassischen Werbung Empfehlungen für die offensive und defensive Strategie gegeben. Um Kunden mit Hilfe der Werbung von anderen Anbietern abzuwerben, muss das Bedürfnis nach Abwechslung direkt angesprochen werden. Feinberg, Kahn und McAlister nennen in diesem Zusammenhang den TV-Werbespot der Firma Neutrogena, der dazu auffordert, eine Pause von seinem regulären Shampoo zu nehmen.[265] Die Kunden sollen stimuliert werden, indem ihnen offeriert wird, dass sie ihr optimales Stimulationsniveau mit dieser Dienstleistung erreichen werden.[266] Ähnliche Werbebotschaften, die den Kunden zur Reizerhöhung auffordern, sind beispielsweise „put spice into your life" oder „try something different".[267] Durch diese Werbebotschaften sollen die Zielpersonen davon überzeugt werden, dass ein höheres Stimulationsniveau gut für ihr Befinden ist und sie andernfalls als Langweiler gelten.[268] Dabei kommt es den Anbietern zu Gute, dass sich Personen mit stärkerer Explorationsneigung an mehrdeutige bzw. kuriose Inhalte von Werbespots besser erinnern.[269]

Je mehr Erregung bei der Zielperson durch die Werbung erzeugt wird, desto stärker reagiert sie.[270] Dabei ist die Stimulation jedoch nur eine notwendige, aber nicht hinreichende Bedingung für die Zielerreichung.[271] Lautet das Ziel, dass der Kunde neue Dienstleistungen in Anspruch nehmen soll, muss die Werbebotschaft ihm vermitteln: „different is good".[272] Insbesondere für Anbieter kleiner und noch unbekannter Marken ist die Vermittlung, dass ihre Dienstleistung ein „change of pace" sei, die Chance ihre Marktanteile zu steigern.[273] Variety Seeker sind aufgrund ihrer Neugier und Aufgeschlossenheit gegenüber neuen Reizen, die ersten Kunden, die auf Werbung für neue Produkte reagieren und zum Kauf animiert werden.[274] Die Werbung muss also eine neue Erfahrung bewerben und die Einzigartigkeit der Dienstleistung herausstellen, um auf diese Weise zu vermitteln, dass das Bedürfnis nach Abwechslung genau durch diese

---

[265] Vgl. Feinberg / Kahn u.a. (1992), S. 235.
[266] Vgl. ter Haseborg / Mäßen (1997), S. 184.
[267] Vgl. van Trijp / Hoyer u.a. (1996), S. 289.
[268] Vgl. Gierl / Helm u.a. (1999), S. 232.
[269] Vgl. ebenda, S. 221.
[270] Vgl. Kroeber-Riel (1979), S. 248.
[271] Vgl. ebenda.
[272] Vgl. Ratner (2006), S. 531.
[273] Vgl. Tang / Chin (2007), S. 23.
[274] Vgl. Hirschman / Wallendorf (1982), S. 19.

Dienstleistung befriedigt wird.[275] Eine weitere Chance neue Dienstleistungen bekannt zu machen oder seinen Marktanteil auszubauen, ergibt sich aus der Nutzung von Mund-zu-Mund-Propaganda, die besonders von Variety Seekern getrieben wird.[276] Hierbei kommt wiederum positiv zum Tragen, dass Variety Seeker, wie in Kapitel 4 aufgezeigt, oft Meinungsführer sind und die Werbebotschaften gut verbreiten.[277]

Um die Aufmerksamkeit von Variety Seekern für bereits vorhandene Dienstleistungen zu wecken, müssen die Werbekampagnen hierfür oft gewechselt werden.[278] Da sich Variety Seeker durch wiederholte Werbespots gelangweilt fühlen, sollte im Falle einer gleich bleibenden Werbebotschaft die Art und Weise der Darstellung variiert werden.[279] Die Werbekampagne muss also verschiedene Werbespots umfassen, die abwechselnd gesendet werden.[280] Andernfalls wenden sich die Variety Seeker ab, da sie, wie in Kapitel 3.2.2 beschrieben, durch die gleich bleibenden Reize zu schnell ihren Sättigungspunkt erreichen.[281]

Um die Variety Seeker anzusprechen, ist auch auf die richtige Auswahl des Mediums zu achten. Beispielsweise spricht das bewusste Werben bei Musiksendern junge Kundengruppen an, die tendenziell zu VSB neigen.[282]

5.2.2 Messen und Ausstellungen

Neben der klassischen Werbung bieten sich vor allem auch verschiedene Messen und Ausstellungen an, um die risikofreudigen, hedonistischen und flexiblen Kunden zu erreichen. Hierzu gehören u.a. die Jugendmesse YOU in Berlin, die Informationsmesse für Familien (Infa) in Hannover, die Internationale Tourismus-Börse in Berlin und die Allgemeine Nahrungs- und Genussmittel-Ausstellung (Anuga) in Köln.[283]

5.2.3 Event-Marketing

Ein weiteres Kommunikationsinstrument, das verstärkt seit Mitte der 1990er Jahre eingesetzt wird und mit dem Unternehmen versuchen, dem VSB gerecht zu werden, ist das Event-Marketing.[284] Die Events stellen für den

---

[275] Vgl. Kemperman / Borgers u.a. (2000), S. 17.
[276] Vgl. Burns (2007), S. 482.
[277] Vgl. Woratschek / Horbel (2005), S. 51 ff.
[278] Vgl. Hirschman / Wallendorf (1982), S. 19.
[279] Vgl. ebenda; Faison (1977), S. 174.
[280] Vgl. Faison (1977), S. 174.
[281] Vgl. Hirschman / Wallendorf (1982), S. 19.
[282] Vgl. Koppelmann / Brodersen u.a. (2002), S. 47.
[283] Vgl. Meffert / Bruhn (2009), S. 298.
[284] Vgl. ebenda, S. 294 f; Nieschlag / Dichtl u.a. (2002), S. 1131.

Teilnehmer besondere Erlebnisse dar, die er als besonders positiv in Erinnerung behält, und leisten somit eine Emotionalisierung der Marke oder des Anbieters.[285] Sie sind dabei anlassbezogen und / oder markenorientiert.[286] Zu den anlassbezogenen Events zählen beispielsweise Firmenjubiläen.[287] Einführungen von neuen Dienstleistungen im Rahmen eines Events haben sowohl einen anlassbezogenen als auch einen markenorientierten Charakter.[288] Die Events sollten eine Besonderheit bleiben, die nicht zur Normalität werden darf, damit sie nicht im Sinne einer Reizüberflutung ihren Erlebnischarakter verlieren.[289]

5.2.4 Verkaufsförderung

Mit der Verkaufsförderung (auch: Promotion) kann der Anbieter durch kostenlose Proben oder Spezialangebote die Aufmerksamkeit auf eine neue Dienstleistung oder bei bereits bekannten Dienstleistungen auf sein Business lenken.[290] Beispielsweise kann eine Tankstelle einen Gutschein für ihre neue Autowäsche mit Lotus-Effekt anbieten, der bei Abnahme einer Mindesttankfüllung vergeben wird. Ein weiteres Beispiel für derartige Promotions sind die so genannten Gutscheinbücher in der Gastronomiebranche, bei denen mit dem Gutschein in verschiedenen Restaurants von zwei Gerichten das günstigere Gericht kostenlos angeboten wird. Das Gutscheinbuch stellt dabei zugleich eine Form der Kooperation von verschiedenen Restaurants dar, ist aber auch ein Mittel Kunden von anderen Anbietern abzuwerben und auf diese Weise neue Stammkunden zu erhalten. Durch den Gutschein wird das Fehlkaufrisiko gesenkt und der Kunde animiert unbekannte Restaurants zu testen. Einführungsrabatte und Aktionswochen sprechen insbesondere Variety Seekern an, da diese ihrer Neugierde bzw. ihrem Bedürfnis nach Abwechslung nachgehen.[291] In diesem Zusammenhang stellten Kahn und Raju fest, dass dadurch unterschiedliche Strategien für marktführende Produkte bzw. Nischenprodukte verfolgt werden sollten. Nischenprodukte sind stark von Variety Seeking geprägt. Hier können durch Promotions daher regelmäßig nur noch Non-Variety Seeker gewonnen werden, die allein auf den Preisnachlass reagieren und nicht ihre Neugier oder ihr Bedürfnis nach Abwechslung

---

[285] Vgl. Nieschlag / Dichtl u.a. (2002), S. 1132.
[286] Vgl. Meffert / Bruhn (2009), S. 295.
[287] Vgl. ebenda.
[288] Vgl. ebenda.
[289] Vgl. Nieschlag / Dichtl u.a. (2002), S. 1132.
[290] Vgl. Kahn (1995), S. 143; Burmeister / Schade (2005), S. 23.
[291] Vgl. Koppelmann / Brodersen (2002), S. 47; Tang / Chin (2007), S. 24.

befriedigen wollen. Bei marktführenden Produkten, deren Kundenstamm sich eher aus treuen Non-Variety Seekern zusammensetzt, können durch Promotions dagegen vor allem Variety Seekern gewonnen werden.[292]

Da es nicht ausreichend ist, sich allein auf die Gewinnung von neuen Kunden bzw. das Abwerben von der Konkurrenz zu konzentrieren, muss der Anbieter auch versuchen, Kunden an sein Unternehmen zu binden. Hierbei ist vor allem die Kundengruppe der Non-Variety Seeker anzusprechen.

5.3 Preispolitik

Die Preispolitik umfasst die Preisgestaltung beispielsweise in Form von Niedrigpreisstrategien, Preisdifferenzierung oder Rabattpolitik. Sie bietet grundsätzlich nur wenig Möglichkeiten für Handlungsempfehlungen im Umgang mit VSB. So stellten Koppelmann, Brodersen und Volkmann fest, dass sowohl eine Niedrigpreisstrategie als auch eine Hochpreisstrategie zur Gewinnung von Variety Seekern verfolgt werden kann.[293] Eine Niedrigpreisstrategie verringert dabei das Fehlkaufrisiko und fördert somit den Kauf eines neuen Produktes, während eine Hochpreisstrategie dann zum Zuge kommt, wenn der Kunde bereit ist, auch hohe Preise für die Befriedigung seines Abwechslungsbedürfnisses zu zahlen. Dies gilt insbesondere bei Innovationen, die als besonders trendvoll gelten.

Die Anwendung von Preisdifferenzierungen setzt grundsätzlich eine leichte Identifizierbarkeit der Kundengruppen voraus.[294] Dies ist bei Variety Seekern, wie bereits ausgeführt wurde, jedoch grundsätzlich nicht gegeben. Es verbleibt damit für die Ableitung von Handlungsempfehlungen allein die Rabattpolitik. Sie kann unter anderem in Form von Treuerabatten oder Bonusprogrammen ausgestaltet werden.[295] In vielen Fällen sind diese Angebote nicht überschneidungsfrei zu der Verkaufsförderung, z.B. Bonusprogramme bei Fluggesellschaften.[296] Mit „Probierstunden" z.B. im Fitness- oder Sonnenstudio wird ebenso wie bei der Verkaufsförderung das Fehlkaufrisiko gesenkt.[297] Der Kunde kann zunächst probieren und dann

---

[292] Vgl. Kahn / Raju (1991), S. 334 f.
[293] Vgl. Koppelmann / Brodersen (2002), S. 47.
[294] Vgl. Meffert / Burmann u.a. (2008), S. 514.
[295] Vgl. ebenda, S. 544 ff.
[296] Vgl. Schmengler / Thieme (1995), S. 132.
[297] Vgl. Hilke (1989), S. 21.

entscheiden, ob die Dienstleistung seinen Erwartungen entspricht. Dies spricht wiederum besonders die Variety Seeker an.[298]

Mit Treuerabatten und Bonusprogrammen wird dagegen das Ziel verfolgt Kunden an das Unternehmen zu binden, in dem Treue belohnt wird.[299] Insbesondere in Dienstleistungsunternehmen hat sich der Einsatz von Rabatt- und Mitgliedskarten bewährt, um Kunden an das Unternehmen zu binden.[300] Die Belohnung kann dabei sowohl aus Präsenten, Gutscheinen oder Preisnachlässen bestehen. Beispiele hierfür sind die 10er Karte im Schwimmbad, günstige Tarife bei langer Verpflichtung im Fitnessstudio, Theaterabonnement.[301] Der Vorteil von Kundenkarten wie Payback, Miles and More und Happy Digits besteht neben der gewonnenen Kundenbindung zudem in der Gewinnung von Kundendaten, die für die konkrete Ansprache des Kunden nutzbar sind.[302] Das Unternehmen kann den Kunden direkt kontaktieren, da es Adresse und persönliche Angaben wie Geschlecht und Alter besitzt und zudem bevorzugte Marken, Dienstleistungen, Anbieter usw. gespeichert hat.[303] Die gewonnenen Informationen dienen im Sinne des CRM für die Ermittlung des Kundenwertes und für die Entwicklung von Angeboten, die speziell auf die jeweiligen Kundenbedürfnisse abgestimmt sind. Auf diese Weise sind auch Variety Seeker im Kundenstamm identifizierbar.

5.4 Distributionspolitik

Die Distributionspolitik umfasst alle Entscheidungen und Tatbestände, die den Verkauf, die Vertriebswege und die Verteilung von Dienstleistungen betreffen.[304] Für Dienstleistungen ergeben sich grundsätzliche Besonderheiten, die aus der Intangibilität und der Integration des externen Faktors resultieren.[305] Produktion und Distribution fallen daher in der Regel zusammen.[306] Nur im Falle eines Leistungsversprechens (z.B. Kauf einer Theaterkarte im Vorverkauf, Buchung einer Reise) ist die Distribution der eigentlichen Dienstleistungserstellung vorgezogen.[307] Für die Handhabung

---

[298] Vgl. Koppelmann / Brodersen (2002), S. 47.
[299] Vgl. Schmengler / Thieme (1995), S. 130; Hippner / Rentzmann u.a. (2006), S. 216.
[300] Vgl. Kahn (1995), S. 140.
[301] Vgl. Hilke (1989), S. 22.
[302] Vgl. Meffert / Burmann u.a. (2008), S. 545.
[303] Vgl. ebenda, S. 545 f.; Schmengler / Thieme (1995), S. 134.
[304] Vgl. Diller (2001), S. 327.
[305] Vgl. Meffert / Bruhn (2009), S. 336.
[306] Vgl. Hilke (1989), S. 24.
[307] Vgl. ebenda.

von VSB können daher im Rahmen der Distributionspolitik nur wenige Handlungsempfehlungen gegeben werden.

Um das Abwechslungsbedürfnis der zu VSB neigenden Kunden mit dem eigenen Dienstleistungssortiment zu befriedigen, wurde bereits in Kapitel 5.1 ein umfangreiches Serviceangebot empfohlen. Für die Gestaltung der Geschäftsräume ist ebenso ein umfangreiches Sortiment, das beispielsweise nach unterschiedlichen Designrichtungen oder -themen ausgerichtet wird, zu empfehlen.[308] Auf diese Weise wird Langeweile vorgebeugt und der Kunde bereits durch die Gestaltung stimuliert.[309] Da die Kunden durch diese Anregung bereits ihr optimales Stimulationsniveau erreichen können, müssen sie die Stimulation nicht durch wechselnde Anbieter suchen.[310] Eine stimulierende Umgebung bieten Restaurants, welche die Darreichung von Speisen mit einem Erlebnischarakter verbinden. Ein Beispiel hierfür bildet das brasilianische Restaurant Pantanal Rodizio mit Sitz in Köln und Leverkusen. Die Kellner schneiden das Fleisch vom Spieß direkt am Tisch auf den Teller des Gastes und Sambatänzerinnen unterstreichen das brasilianische Ambiente.

Eine besondere Form der Distribution ergibt sich für einige Anbieter im Unterhaltungsbereich. Neben einem wechselnden Bühnenprogramm, wie es in Kapitel 5.1 empfohlen wurde, ist auch die Standortwahl bzw. ein laufender Standortwechsel von entscheidender Bedeutung. Da in der Unterhaltungsbranche schnell eine Sättigung eintritt, versuchen Zirkus und Tournee-Theater immer wieder neue Kunden an unterschiedlichen Veranstaltungsorten für sich zu gewinnen.

5.5 Marketing-Mix

Mit Hilfe der verschiedenen Marketinginstrumente kann ein Dienstleistungsanbieter die Chancen, die sich aus dem Auftreten von VSB ergeben, für sich nutzbar machen und die Risiken, die das VSB in sich birgt, abwenden. Es kommt dabei nicht auf ein einzelnes Instrument an, sondern auf die sinnvolle Kombination einer Reihe von Instrumenten und Maßnahmen (Marketing-Mix).[311]

---

[308] Vgl. Koppelmann / Brodersen u.a. (2002), S. 47.
[309] Vgl. ebenda.
[310] Vgl. Tang / Chin (2007), S. 10.
[311] Vgl. Homburg / Faßnacht (2001), S. 458.

Dabei sind immer die folgenden Prinzipien zu beachten[312]: Die Maßnahmen müssen in einem ausgewogenen Verhältnis von Kosten und Nutzen stehen. Individualisierung ist nur insoweit durchzuführen, als sie auch zu einer Steigerung des nachhaltigen Gewinns beiträgt. Die Maßnahmen sind immer auf die verschiedenen Kundensegmente auszurichten. Der Anbieter muss daher Informationen über den Kunden gewinnen. Dies kann durch die direkte Interaktion mit dem Kunden oder durch Kundenbindungsprogramme wie Kundenkarten erfolgen. Weiterhin empfiehlt es sich den Kunden in die Unternehmensprozesse einzubinden.

Die nachfolgende Tabelle 4 (Seite 49) gibt einen zusammenfassenden Überblick über die verschiedenen Marketinginstrumente, die ein Anbieter im Umgang mit VSB beachten sollte und versucht eine Einordnung hinsichtlich der strategischen Ausrichtung vorzunehmen.

	Instrument	strategische Ausrichtung	
		offensiv	defensiv
Leistungspolitik	Individualisierung		X
	Sortimentsausweitung		X
	Markierung		X
	Kooperationen	X	
	Innovationen	X	
	Saisonale Anpassung des Angebots		X
	Wechselbarrieren		X
Kommunikationspolitik	Klassische Werbung	X	
	Messen und Ausstellungen	X	
	Event-Marketing	X	X
	Verkaufsförderung	X	

---

[312] Vgl. Homburg / Faßnacht (2001), S. 458.

Instrument		strategische Ausrichtung	
		offensiv	defensiv
Preispolitik	Rabattpolitik	X	
Preispolitik	Kundenbindungsprogramm		X
Distributions-politik	Geschäftsgestaltung		X
Distributions-politik	Standortwahl	X	

Tabelle 4   Zusammenstellung der Handlungsempfehlungen
           Quelle: eigene Darstellung

Bei dem Einsatz dieser Instrumente darf die Wirkung auf Non-Variety Seeker jedoch nicht vernachlässigt werden. Im Rahmen der klassischen Werbung wird die Botschaft „same is good" vermittelt.[313] Dies stellt Zeit- und Klassenlosigkeit der eigenen Dienstleistung heraus.[314] Der Werbeslogan der Firma Henkel bietet hierfür ein Beispiel: „Persil, da weiß man, was man hat".[315] Der Kunde soll sich das Risiko eines Fehlkaufs vor Augen führen und bei einer Dienstleistung bleiben, mit der er bereits gute Erfahrungen gemacht hat. Dies steht aber im Gegensatz zu den Empfehlungen, die für die Gruppe der Variety Seeker ausgesprochen wurden.

Es ist also für einen Dienstleistungsanbieter von fundamentaler Bedeutung, dass er seine Zielgruppe genau kennt. Auch hier kann die bereits angeführte Kategorisierung (vgl. Kapitel 3.1, Seite 10) genutzt werden. Werden beispielsweise Dienstleistungen angeboten, die grundsätzlich von Variety Seeking betroffen sind (Typ II), sind die dargestellten Ansätze besser anwendbar, als wenn die Dienstleistungen grundsätzlich nicht betroffen sind. Für den letztgenannten Fall ist eine genaue Analyse erforderlich, um keine unerwünschten Nebenwirkungen bei Non-Variety Seekern zu erzeugen. Im Rahmen des CRM sind hier also Kundendaten, die Aufschluss über das jeweilige VSB eines Kunden geben, von entscheidender Bedeutung. Zusätzlich ist bei der Durchführung der

---

[313] Vgl. Ratner (2006), S. 531.
[314] Vgl. Bänsch (1995), S. 361; Koppelmann / Brodersen u.a. (2002), S. 47.
[315] Vgl. Bänsch (1995), S. 361; Koppelmann / Brodersen u.a. (2002), S. 47.

jeweiligen Maßnahmen dafür Sorge zu tragen, dass auch nur die betreffende Zielgruppe erreicht wird.

6 Zusammenfassung und Ausblick

Der Gegenstand dieser Arbeit war die Steuerung des Phänomens VSB im Rahmen des CRM. VSB ist als ein aus dem Bedürfnis nach Abwechslung motiviertes Wechselverhalten zu verstehen.[316] Es äußert sowohl in der Inanspruchnahme von neuen Dienstleistungen als auch von verschiedenen bekannten Alternativen. Eine vollständige Trennung von anderen Ursachen ist aufgrund kumuliert auftretender Wechselgründe nicht möglich.

Grundsätzlich ist festzustellen, dass VSB das Konsumentenverhalten nicht nur am Rande, sondern maßgeblich kennzeichnet.[317] Es wurde dargelegt, dass VSB auch bei Dienstleistungen zu beobachten ist. Im Rahmen der Analyse wurde herausgearbeitet, dass der durch das intrinsische Bedürfnis motivierte Wechsel aber nur bei Dienstleistungen, die von Erfahrungseigenschaften dominiert werden, vermehrt auftritt. Neben den überwiegenden Erfahrungseigenschaften müssen zudem weitere Eigenschaften wie ein geringes Risiko oder eine hohe Sinnesintensität vorliegen. Die Lerntheorie führt die Ursache auf die unterschiedlichen Erlebnisse mit den Dienstleistungsarten zurück. Der Kunde hat gelernt, dass sich bei Dienstleistungen, bei denen Vertrauenseigenschaften überwiegen, Marken- und Anbietertreue auszeichnen, während bei den zuvor genannten Dienstleistungen durch häufige Wechsel ein höhere Stimulation erreicht werden kann.

Neben den Eigenschaften der Dienstleistung haben auch die Persönlichkeitsmerkmale der Kunden einen entscheidenden Einfluss auf das Entstehen von VSB. Das VSB wird dabei insbesondere vom optimalen Stimulationsniveau des jeweiligen Individuums beeinflusst. Der Variety Seeker sucht in verschiedenen Bereichen u.a. im Kaufverhalten eine Vielfalt der Reize.

Das VSB ist eine moderierende Variable zwischen den Konstrukten Kundenzufriedenheit und Kundenbindung und muss daher im Rahmen des CRM vom Dienstleistungsanbieter gesteuert werden. Basierend auf den Ergebnissen der verhaltenswissenschaftlichen Theorien zur Erklärung des

---

[316] Siehe Kapitel 2.2.1.
[317] Vgl. Bänsch (1995), S. 362.

Entstehens der drei verschiedenen Typen von VSB, wurden deshalb praktische Handlungsempfehlungen für Dienstleistungsanbieter abgeleitet.

Es wurden dabei zwei Grundstrategien für die Berücksichtigung des VSB im Rahmen des CRM berücksichtigt. Die offensive Strategie zielt hierbei auf die Abwerbung von Variety Seekern von Konkurrenten, während die defensive Strategie die Bindung von Variety Seekern an das eigene Unternehmen verfolgt. Um diese Strategien erfolgreich umsetzen zu können, ist das Kundenverhalten daher eingehend zu analysieren und zu operationalisieren.[318] Aufgrund der Wechselneigung werden die Variety Seeker oft als „schlechte Kundengruppe" angesehen.[319] Dies verkennt allerdings ihren wahren Wert für das Dienstleistungsunternehmen, welcher sich insbesondere aus dem hohen Weiterempfehlungspotential ableitet.[320]

Die Kundengruppe der Non-Variety Seeker darf daneben nicht außer Acht gelassen werden. Es darf also beispielsweise nicht zu einer Vertreibung dieser Kunden durch zu offensive Werbung kommen.

Im Hinblick auf die weitere wissenschaftliche Arbeit sollte ein wesentlicher Schwerpunkt auf die Identifikation des VSB gelegt werden. Dazu sind die bisherigen Erkenntnisse durch weitere empirische Untersuchungen zu konkretisieren. Eine Untersuchung der demografischen Faktoren, die hier aufgrund der fehlenden Evidenz keine Berücksichtigung fanden, kommt dabei ebenso in Betracht, wie eine Analyse situativer Faktoren, wie z.B. Stimmung, Zeit, Geldverfügbarkeit und Involvement.[321] Ergänzend ist zu erforschen, inwieweit dieses Verhalten durch konkrete Maßnahmen beeinflusst werden kann und ob spezifische Reaktanzen vorliegen.

---

[318] Vgl. Herrmann / Seilheimer u.a. (1998), S. 348.
[319] Vgl. Woratschek / Horbel (2005), S. 54.
[320] Vgl. ebenda, S. 54.
[321] Vgl. Sharma / Sivakumaran u.a. (2006), S. 388.

Literaturverzeichnis

Bänsch, Axel (1995): Variety Seeking – Marketingfolgerungen aus Überlegungen und Untersuchungen zum Abwechslungsbedürfnis von Konsumenten; in: Jahrbuch der Absatz- und Verbrauchsforschung, Jg. 41, Heft 4 (1995), Seite 342-365.

Bänsch, Axel (2002): Käuferverhalten, 9., durchges. und erg. Auflage, München 2002.

Balderjahn, Ingo / Scholderer, Joachim (2007): Konsumentenverhalten und Marketing: Grundlagen für Strategien und Maßnahmen, Stuttgart 2007.

Bawa, Kapil (1990): Modeling inertia and variety seeking tendencies in brand choice behavior; in: Marketing Science, Jg. 9, Heft 3 (1990), Seite 263-278.

Bebié, Dr. André (1978): Käuferverhalten und Marketing-Entscheidung: Konsumgüter-Marketing aus der Sicht der Behavioral Sciences, Wiesbaden 1978.

Behrens, Gerold (1973): Lernen – Grundlagen und Anwendungen auf das Konsumentenverhalten; in: Konsumentenverhalten und Marketing: Arbeitspapiere des Instituts für Konsum- und Verhaltensforschung an der Universität des Saarlandes, hrsg. von Kroeber-Riel, Werner, Opladen 1973, Seite 83-124.

Behrens, Gerold (1991): Konsumentenverhalten, 2., überarb. und erw. Auflage, Heidelberg 1991.

Berekoven, Ludwig / Spintig, Susanne (2001): Panel; Vahlens Großes Marketing Lexikon, hrsg. von Diller, Hermann, 2., völlig überarb. und erw. Auflage, München 2001, Seite 1240-1243.

Berlyne, Daniel E. (1974), Konflikt, Erregung, Neugier: Zur Psychologie der kognitiven Motivation, Stuttgart, 1974; im Original: Conflict, Arousal and Curiosity, New York 1960.

Bruhn, Manfred (2006): Das Konzept der kundenorientierten Unternehmensführung; in: Kundenorientierte Unternehmensführung, 5., überarb. und erw. Auflage, Wiesbaden 2006, Seite 34-65.

Bruhn, Manfred / Michalski, Silke (2008): Kundenabwanderung als Herausforderung des Kundenbindungsmanagement; in: Handbuch Kundenbindungsmanagement: Strategien und Instrumente für ein erfolgreiches CRM, hrsg. von Bruhn, Manfred / Homburg, Christian, 6., überarb. und erw. Auflage, Wiesbaden 2008, Seite 272-294.

Burmeister, Katrin / Schade, Christian (2005): Status Quo Bias versus Variety Seeking: An Experimental Investigation into Situational and Individual Moderators; in: Marketing - Zeitschrift für Forschung und Praxis, Jg. 27, Heft 1 (2005), Seite 14-25.

Burns, David J. (2007): Toward an Explanatory Model of Innovative Behavior; in: Journal of Business & Psychology, Jg. 21, Heft 4 (2007), Seite 461-488.

Darby, Michael R. / Karni, Edi (1973): Free Competition and the Optimal Amount of Fraud; in: Journal of Law and Economics, Jg. 16, Heft 1 (1973), Seite 67-86.

De Brentani, Ulrike (1991): Success Factors in Developing New Business Services; in: European Journal of Marketing, Jg. 25, Heft 2 (1991), Seite 33-59.

Diller, Hermann (1996): Kundenbindung als Marketingziel; in: Marketing: Zeitschrift für Forschung und Praxis, Jg. 18, Heft 2 (1996), Seite 81-94.

Diller, Hermann (2001): Distributionspolitik, Distributions-Mix; in: Vahlens Großes Marketing Lexikon, hrsg. von Diller, Hermann, 2., völlig überarb. und erw. Auflage, München 2001, Seite 327-328.

Dodd, Tim H. / Pinkleton, Bruce E. / Gustafson, A. William (1996): External Information Sources of Product Enthusiasts: Differences between Variety Seekers, Variety Neutrals, and Variety Avoiders; in: Psychology & Marketing, Jg. 13, Heft 3 (1996), Seite 291-304.

Etzel, Michael J. / Wahlers, Russell G. (1984): Optimum Stimulation Level and Consumer Travel Preferences; in: 1984 AMA Educators' Proceedings (Series / American Marketing Association No. 50), hrsg. von Belk, Russell W. / Peterson, Robert, u.a., Chicago 1984, Seite 92-95.

Faison, Edmund W.J. (1977): The neglected variety drive: A useful concept for consumer behavior; in: Journal of Consumer Research, Jg. 4, Heft 3 (1977), Seite 172-175.

Feinberg Fred M. / Kahn, Barbara E. / McAlister, Leigh (1992): Market Share Response When Consumers Seek Variety; in: Journal of Marketing Research, Jg. 29, Heft 2 (1992), Seite 227-237.

Freter, Hermann (2001a): Marktsegmentierungsmerkmale; in: Vahlens Großes Marketing Lexikon, hrsg. von Diller, Hermann, 2., völlig überarb. und erw. Auflage, München 2001, Seite 1074-1076.

Freter, Hermann (2001b): Marktsegmentierung im Dienstleistungsbereich; in: Handbuch Dienstleistungsmanagement: Von der strategischen Konzeption zur praktischen Umsetzung, hrsg. von Bruhn, Manfred / Meffert, Heribert, 2., überarb. und erw. Auflage, Wiesbaden 2001, Seite 279-314.

Gerdes, Jürgen (2008): Kundenbindung durch Dialogmarketing, in: Handbuch Kundenbindungsmanagement: Strategien und Instrumente für ein erfolgreiches CRM, hrsg. von Bruhn, Manfred / Homburg, Christian, 6., überarb. und erw. Auflage, Wiesbaden 2008, Seite 445-463.

Gierl, Heribert / Helm, Roland / Stumpp, Stefan (1999): Erklärung des Konsumentenverhaltens durch die Optimum Stimulation Level Theorie; in: Marketing: Zeitschrift für Forschung und Praxis, Jg. 21, Heft 3 (1999), Seite 217-235.

Gierl, Heribert / Helm, Roland / Stumpp, Stefan (2002): Markentreue und Kaufintervalle bei langlebigen Konsumgütern; in: Zeitschrift für betriebswirtschaftliche Forschung, Jg. 54, Heft 5 (2002), Seite 214-232.

Givon, Moshe (1984): Variety Seeking through Brand Switching; in: Marketing Science, Jg. 3, Heft 1 (1984), Seite 1-22.

Literaturverzeichnis

Grande, Ildefonso (2000): A Structural Equation Modelling Approach for Assessing the Dimensions of the Optimum Stimulation Level; in: Journal of International Consumer Marketing, Jg. 12, Heft 3 (2000), Seite 7-26.

Gröppel-Klein, Andrea / Königstorfer, Jörg / Terlutter, Ralf (2008): Verhaltenswissenschaftliche Aspekte der Kundenbindung; in: Handbuch Kundenbindungsmanagement: Strategien und Instrumente für ein erfolgreiches CRM, hrsg. von Bruhn, Manfred / Homburg, Christian, 6., überarb. und erw. Auflage, Wiesbaden 2008, Seite 42-76.

Handelsman, Moshe (1984): A discussion of theoretical development and extension in consumer behavior; in: Advances in Consumer Research, Jg. 11, Heft 1 (1984), Seite 120-121.

Helmig, Bernd (1996): "Variety seeking behavior" als Motiv des Markenwechsels beim Kauf von Konsumgütern: Ergebnisse einer empirischen Studie; in: Freiburger betriebswirtschaftliche Diskussionsbeiträge, Freiburg im Breisgau 1996, Seite 1-15.

Herrmann, Andreas / Gutsche, Jens (1994): Ein Modell zur Erfassung der individuellen Markenwechselneigung; in: Zeitschrift für betriebswirtschaftliche Forschung, Jg. 46, Heft 1 (1994), Seite 63-80.

Herrmann, Andreas / Johnson, Michael D. (1999): Die Kundenzufriedenheit als Bestimmungsfaktor der Kundenbindung; in: Zeitschrift für betriebswirtschaftliche Forschung, Jg. 51, Heft 6 (1999), Seite 579-698.

Herrmann, Andreas / Seilheimer, Christian / Sharif, Mariam (1998): Kundenzufriedenheit und Markenwechselneigung als Determinanten des Markenwechselverhaltens; in: Jahrbuch der Absatz- und Verbrauchsforschung, Jg. 44, Heft 3 (1998), Seite 335-351.

Hilke, Wolfgang (1989): Grundprobleme und Entwicklungstendenzen des Dienstleistungs-Marketing in: Dienstleistungs-Marketing: Banken und Versicherungen – Freie Berufe – Handel und Transport – Nicht-erwerbswirtschaftlich orientierte Organisationen, Schriften zur Unternehmensführung, Band 35, hrsg. von Hilke, Wolfgang, Wiesbaden 1989, Seite 5-44.

Hippner, Hajo (2006): CRM – Grundlagen, Ziel und Konzepte; in: Grundlagen des CRM: Konzepte und Gestaltung, hrsg. von Hippner, Hajo / Wilde, Klaus D., 2., überarb. und erw. Auflage, Wiesbaden 2006, Seite 16-44.

Hippner, Hajo / Rentzmann, René / Wilde, Klaus D. (2006): CRM aus Kundensicht – Eine empirische Untersuchung; in: Grundlagen des CRM: Konzepte und Gestaltung, hrsg. von Hippner, Hajo / Wilde, Klaus D., 2., überarb. und erw. Auflage, Wiesbaden 2006, Seite 196-223.

Hirschman, Elizabeth C. / Wallendorf, Melanie (1980): Some implications of variety seeking for advertising and advertisers, in: Journal of Advertising, Jg. 9, Heft 2 (1980), Seite 17-19 und 43.

Homburg, Christian / Becker, Annette / Hentschel, Friederike (2008): Der Zusammenhang zwischen Kundenzufriedenheit und Kundenbindung, in: Handbuch Kundenbindungsmanagement: Strategien und Instrumente für ein erfolgreiches CRM, hrsg. von Bruhn, Manfred / Homburg, Christian, 6., überarb. und erw. Auflage, Wiesbaden 2008, Seite 103-134.

Homburg, Christian / Faßnacht, Martin (2001): Kundennähe, Kundenzufriedenheit und Kundenbindung bei Dienstleistungsunternehmen, in: Handbuch Dienstleistungsmanagement: Von der strategischen Konzeption zur praktischen Umsetzung, hrsg. von Bruhn, Manfred / Meffert, Heribert, 2., überarb. und erw. Auflage, Wiesbaden 2001, Seite 443-463.

Homburg, Christian / Giering, Annette (2001): Personal Characteristics as Moderators of the Relationship Between Customer Satisfaction and Loyalty – An Empirical Analysis; in: Psychology & Marketing, Jg. 18, Heft 1 (2001), Seite 43-66.

Homburg, Christian / Giering, Annette / Hentschel, Friederike (1999): Der Zusammenhang zwischen Kundenzufriedenheit und Kundenbindung, in: Die Betriebswirtschaft, Jg. 59, Heft 2 (1999), Seite 174-195.

Homburg, Christian / Hoyer, Wayne D. / Stock, Ruth. M. (2007): How to get lost customers back? – A study of antecedents of relationship revival; in: Journal of the Academy of Marketing Science, Jg. 35, Heft 4 (2007), Seite 461-474.

Homburg, Christian / Sieben, Frank G. (2008): Customer Relationship Management (CRM) – Strategische Ausrichtung statt IT-getriebenem Aktivismus; in: Handbuch Kundenbindungsmanagement: Strategien und Instrumente für ein erfolgreiches CRM, hrsg. von Bruhn, Manfred / Homburg, Christian, 6., überarb. und erw. Auflage, Wiesbaden 2008, Seite 501-528.

Hoyer, Wayne D. / Ridgway, Nancy M. (1984): Variety Seeking as an explanation for explanation for exploratory purchase behavior: A theoretical model; in: Advances in Consumer Research, Jg. 11, Heft 1 (1984), Seite 114-119.

Johnson, Michael D. / Herrmann, Andreas / Gutsche Jens (1995): A within-attribute model of variety-seeking behavior; in: Marketing Letters, Jg. 6, Heft 3 (1995), Seite 235-243.

Kaas, Klaus P. (2001): Zur „Theorie des Dienstleistungsmanagements"; in: Handbuch Dienstleistungsmanagement: Von der strategischen Konzeption zur praktischen Umsetzung, hrsg. von Bruhn, Manfred / Meffert, Heribert, 2., überarb. und erw. Auflage, Wiesbaden 2001, Seite 103-121.

Kahn, Barbara E. (1995): Consumer variety-seeking among goods and services; in: Journal of Retailing and Consumer Services, Jg. 2, Heft 3 (1995), Seite 139-148.

Kahn, Barbara E. (1998): Dynamic relationships with customers: High-variety strategies; in: Journal of the Academy of Marketing Science, Jg. 26, Heft 1 (1998), Seite 45-53.

Kahn, Barbara E. / Isen, Alice M. (1993): The Influence of Positive Affect on Variety-Seeking among Safe, Enjoyable Products; in: Journal of Consumer Research, Jg. 20, Heft 2 (1993), Seite 257- 270.

Kahn, Barbara E. / Kalwani, Manohar U. / Morrison, Donald G. (1986): Measuring Variety-Seeking and Reinforcement Behaviors Using Panel Data; in: Journal of Marketing Research, Jg. 23, Heft 2 (1986), Seite 89-100.

Kahn, Barbara E. / Louie, Therese A. (1990): Effects of Retraction of Price Promotions on Brand Choice Behavior for Variety-Seeking and Last-Purchase-Loyal Consumers; in: Journal of Marketing Research, Jg. 27, Heft 3 (1990), Seite 279-289.

Kahn, Barbara E. / Raju, Jagmohan S. (1991): Effects of Price Promotions on Variety-Seeking and Reinforcement Behavior; in: Marketing Science, Jg, 10, Heft 4 (1991), Seite 316-337.

Keaveney, Susan M. (1995): Customer switching behaviour in services industries: An exploratory study; in: Journal of Marketing, Jg. 59, Heft 2 (1995), Seite 71-82.

Kemperman, Astrid D. / Borgers Aloys W. / Oppewal, Harmen / Timmermans, Harry J. (2000): Consumer Choice of Theme Parks: A Conjoint Choice Model of Seasonality Effekts and Variety Seeking Behavior; in: Leisure Sciences, Jg. 22, Heft 1 (2000), Seite 1-18.

Keon, John W. / Bayer, Judy (1984): Analyzing Scanner Panel Households to determine the Demographic Characteristics of Brand Loyal and Variety Seeking Households Using a New Brand Switching Measure; in: 1984 AMA Educators' Proceedings (Series / American Marketing Association No. 50), hrsg. von Belk, Russell W. / Peterson, Robert, u.a., Chicago 1984, Seite 416-420.

Kleinaltenkamp, Michael (2001): Begriffsabgrenzungen und Erscheinungsformen von Dienstleistungen; in: Handbuch Dienstleistungsmanagement: Von der strategischen Konzeption zur praktischen Umsetzung, hrsg. von Bruhn, Manfred / Meffert, Heribert, 2., überarb. und erw. Auflage, Wiesbaden 2001, Seite 27-50.

Koppelmann, Udo / Brodersen, Kristina / Volkmann, Michael (2001): Variety Seeking – Manchmal reizt auch nur das Neue (Teil I); in: absatzwirtschaft, 44. Jg, Heft 12 (2001), Seite 56-63.

Koppelmann, Udo / Brodersen, Kristina / Volkmann, Michael (2002): Variety Seeking – Wie Sie von der Neugier Ihrer Kunden profitieren (Teil II); in: absatzwirtschaft, 45. Jg, Heft 1 (2002), Seite 44-47.

Kroeber-Riel, Werner (1972): Einleitung: Ansatzpunkte und Probleme der verhaltensorientierten Absatztheorie (mit einer systematischen Auswahlbibliographie); in: Marketingtheorie: Verhaltensorientierte Erklärungen von Marktreaktionen, Köln, 1972, Seite 13-49.

Kroeber-Riel, Werner (1979): Activation Research: Psychobiological Approaches in Consumer Research; in: Journal of Consumer Research, Jg. 5, Heft 4 (1979), Seite 240-250.

Kroeber-Riel, Werner / Weinberg, Peter (2003): Konsumentenverhalten, 8. aktualisierte und erg. Auflage, München 2003.

Kumar, Amresh / Trivedi, Minakshi (2006): Estimation of variety seeking for segmentation and targeting: An empirical analysis; in: Journal of Targeting, Measurement & Analysis for Marketing, Jg. 15, Heft 1 (2006), Seite 21-29.

Kuß, Alfred (2001): Variety Seeking; in: Vahlens Großes Marketing Lexikon, hrsg. von Diller, Hermann, 2., völlig überarb. und erw. Auflage, München 2001, Seite 1721.

McAlister, Leigh (1982): A Dynamic Attribute Satiation Model of Variety-Seeking Behavior; in: Journal of Consumer Research, Jg. 9, Heft 2 (1982), Seite 141-150.

McAlister, Leigh / Pessemier, Edgar (1982): Variety seeking behavior: An interdisciplinary review; in: Journal of Consumer Research, Jg. 9, Heft 3 (1982), Seite 311-322.

Meffert, Heribert (2000): Marketing: Grundlagen marktorientierter Unternehmensführung: Konzepte – Instrumente – Praxisbeispiele: Mit neuer Fallstudie VW Golf, 9., überarb. und erw. Auflage, Wiesbaden 2000.

Meffert, Heribert / Burmann, Christoph / Kirchgeorg, Manfred (2008): Marketing: Grundlagen marktorientierter Unternehmensführung: Konzepte – Instrumente – Praxisbeispiele, 10., vollständig überarb. und erw. Auflage, Wiesbaden 2008.

Meffert, Heribert / Bruhn, Manfred (2009): Dienstleistungsmarketing: Grundlagen - Konzepte - Methoden, 6., vollständig neubearb. Auflage, Wiesbaden 2009.

Meixner, Oliver (2005): Variety seeking behavior – ein kausales Erklärungsmodell zum Markenwechselverhalten der Konsumenten im Lebensmittelbereich; in: Jahrbuch der Österreichischen Gesellschaft für Agrarökonomie, Band 10, 2005, Seite 47-57.

Menon, Satya / Kahn, Barbara E. (1995): The impact of context on variety seeking in product choices; in: Journal of Consumer Research, Jg. 22, Heft 3 (1995), Seite 285-295.

Meyer, Anton / Blümelhuber, Christian (2001): Wettbewerbsorientierte Strategien im Dienstleistungsbereich; in: Handbuch Dienstleistungsmanagement: Von der strategischen Konzeption zur praktischen Umsetzung, hrsg. von Bruhn, Manfred / Meffert, Heribert, 2., überarb. und erw. Auflage, Wiesbaden 2001, Seite 369-398.

Michaelidou, Nina / Dibb, Sally / Arnott, David (2005): Brand Switching in Clothing as a Manifestation of Variety-Seeking Behavior; in: Advances in Consumer Research - Asia Pacific Conference Proceedings, Band 6 (2005), Seite 79-85.

Mittal, Banwari / Lassar Walfried M. (1998): Why do customers switch? The dynamics of satisfaction versus loyalty; in: The Journal of Services Marketing, Jg. 12, Heft 3 (1998), Seite 177-194.

Müller-Hagedorn, Lothar (1986): Das Konsumentenverhalten: Grundlagen für die Marktforschung, Wiesbaden 1986

Nieschlag, Robert / Dichtl, Erwin / Hörschgen, Hans (2002): Marketing, 19., überarb. und erg. Auflage, Berlin 2002.

Pessemier, Edgar (1985): Varied Individual Behavior: Some Theories, Measurement Methods and Models; in: Multivariate Behavioral Research, Jg. 20, Heft 1 (1985), Seite 69-94.

Pessemier, Edgar / Handelsman, Moshe (1984): Temporal Variety in Consumer Behavior; in: Journal of Marketing Research, Jg. 21, Heft 4 (1984), Seite 435-444.

Ratner, Rebecca K. / Kahn, Barbara E. / Kahneman, Daniel (1999): Choosing Less-Preferred Experiences for the Sake of Variety; in: Journal of Consumer Research, Jg. 26, Heft 1 (1999), Seite 1-15.

Ratner, Rebecca K. (2006): A Variety of Explanations for Variety-Seeking Behaviors: Physiological Needs, Memory Processes, and Primed Rules; in: Advances in Consumer Research, Jg. 33, Heft 1 (2006), Seite 529-531.

Raju, Puthankurissi S. (1980): Optimum Stimulation Level: Its Relationship to Personality, Demographics, and Exploratory Behavior; in: Journal of Consumer Research, Jg. 7, Heft 3 (1980), Seite 272-282.

Richins, Marsha L. / Root-Shaffer, Teri (1988): The Role of Involvement and Opinion Leadership in Consumer Word-of-Mouth: An Implicit Model Made Explicit; in: Advances in Consumer Research, Jg. 15, Heft 1 (1988), Seite 32-36.

Roehm jr., Harper A. / Roehm, Michelle L. (2004): Variety-Seeking and Time of Day: Why Leader Brands Hope Young Adults Shop in the Afternoon, but Follower Brands Hope for Morning; in: Marketing Letters, Jg. 15, Heft 4 (2004), Seite 213-221.

Schmengler, Hans J. / Thieme, Matthias (1995): Die Bedeutung eines Bonusprogramms im Marketing einer Luftverkehrsgesellschaft; in: Marketing – Zeitschrift für Forschung und Praxis, Jg. 17, Heft 2 (1995), Seite 130-135.

Sharma, Piyush / Sivakumaran, Bharadhwaj / Marshall, Roger (2006): Investigating Impulse Buying and Variety Seeking: Towards a General Theory of Hedonic Purchase Behaviors; in: Advances in Consumer Research, Jg. 33, Heft 1 (2006), Seite 388-389.

Simon, Hermann / Homburg, Christian (1998): Kundenzufriedenheit als strategischer Erfolgsfaktor – Einführende Überlegungen; in: Kundenzufriedenheit: Konzepte – Methoden – Erfahrungen, hrsg. von Simon, Hermann / Homburg, Christian, 3., aktual. und erw. Auflage, Wiesbaden 1998, S. 17-31.

Simonson, Itamar (1990): The Effect of Purchase Quantity and Timing on Variety-Seeking Behavior; in: Journal of Marketing Research, Jg. 27, Heft 2 (1990), Seite 150-162.

Simonson, Itamar / Winer, Russell S. (1992): The Influence of Purchase Quantity and Display Format on Consumer Preference for Variety; in: Journal of Consumer Research, Jg. 19, Heft 1 (1992), Seite 133-138.

Stauss, Bernd (2001): Markierungspolitik bei Dienstleistungen – Die „Dienstleistungsmarke"; in: Handbuch Dienstleistungsmanagement: Von der strategischen Konzeption zur praktischen Umsetzung, hrsg. von Bruhn, Manfred / Meffert, Heribert, 2., überarb. und erw. Auflage, Wiesbaden 2001, Seite 549-571.

Stauss, Bernd / Neuhaus, Patricia (1995): Das Qualitative Zufriedenheitsmodell (QZM), Diskussionsbeiträge der Wirtschaftswissenschaftlichen Fakultät Ingolstadt, Nr. 66, Ingolstadt 1995.

Steenkamp, Jan-Benedict E.M. / Baumgartner, Hans (1992): The Role of Optimum Stimulation Level in Exploratory Customer Behaviour; in: Journal of Customer Research, Jg. 19, Heft 3 (1992), Seite 434-448.

Tang, Esther P.Y. / Chin, Iris O.K. (2007): Analyzing Variety Seeking Behavior Using Panel Data; in: Journal of International Consumer Marketing, Jg. 19, Heft 4 (2007), Seite 7-31.

Ter Haseborg, Fokko / Mäßen, Andrea (1997): Das Phänomen des Variety-Seeking-Behavior: Modellierung, empirische Befunde und marketingpolitische Implikationen; in: Jahrbuch der Absatz- und Verbrauchsforschung, Jg. 43, Heft 2 (1997), Seite 164-188.

Trommsdorff, Volker (2004): Konsumentenverhalten, 6., vollständig überarb. und erw. Auflage, Stuttgart 2004.

Tscheulin, Dieter K. (1994): "Variety-seeking-behavior" bei nicht-habitualisierten Konsumentenentscheidungen – Eine empirische Studie; in: Zeitschrift für betriebswirtschaftliche Forschung, Jg. 46, Heft 1 (1994), Seite 54-62.

Tscheulin, Dieter K. / Helmig, Bernd (2007): Markentreue, Wiederkauf- und Wechselverhalten; in: Handbuch Produktmanagement, hrsg. von Albers, Sönke / Herrmann, Andreas 3., überarb. und erw. Auflage, Wiesbaden 2007.

Van Trijp, Hans C.M. / Hoyer, Wayne D. / Inman, J. Jeffrey (1996): Why Switch? Product Category-Level Explanations for True Variety-Seeking Behavior; in: Journal of Marketing Research, Jg. 33, Heft 3 (1996), Seite 281-292.

Van Trijp, Hans C.M. / Steenkamp, Jan-Benedict E.M. (1992): Consumers' variety seeking tendency with respect to foods: Measurement and managerial implications; in: European Review of Agricultural Economics, Jg. 19, Heft 2 (1992), Seite 181-195.

Woratschek, Herbert (2004): Qualitätsmanagement im Dienstleistungsbereich: Eignung der Qualitätsmessung für das Kennzahlen-Controlling; in: Controlling, Jg. 16, Heft 2 (2004), Seite 73-84.

Woratschek, Herbert / Horbel, Chris (2005): Are Variety-Seekers Bad Customers? An Analysis of the Role of Recommendations in the Service Profit Chain; in: Journal of Relationship Marketing, Jg. 4, Heft 3 / 4 (2005), Seite 43-57.

Woratschek, Herbert / Horbel, Chris (2008): Kundenbindung in Dienstleistungsnetzwerken am Beispiel des Sporttourismus: Erfolgs- und Störfaktoren in der Service-Profit Chain aus Sicht des Destinationsmanagements; in: Handbuch Kundenbindungsmanagement: Strategien und Instrumente für ein erfolgreiches CRM, hrsg. von Bruhn, Manfred / Homburg, Christian, 6., überarb. und erw. Auflage, Wiesbaden 2008, Seite 295-319.

Zeithaml, Valerie (1981): How Consumer Evaluation Processes differ between Goods and Services; in: Marketing of Services, hrsg. von Donnelly, J. / George, W., Chicago 1981, Seite 186-190.